Prisma Spreekwijzer Dui

Prisma Spreekwijzer Duits

Alexander Schwarz
Sabine Burger-Schwarz
John van der Zee

PRISMA

Uitgeverij Het Spectrum
Postbus 2073
3500 GB Utrecht

Eerste druk 1994
Tweede herziene druk 2001
Zetwerk: Meijster Design B.V., Vijfhuizen
Druk: Koninklijke Wöhrmann bv, Zutphen

Auteurs: drs. A. Schwarz, S. Burger-Schwarz, drs. J. van der Zee

ISBN 90 274 1218-9
NUGI 943

Inhoudsopgave

Woord vooraf

Wanneer men de belangrijkste grammaticaregels van het Duits kent en een aantal woorden van buiten heeft geleerd, komt men tot de ontdekking dat de Duitssprekende in een identieke situatie totaal 'andere' woorden kiest en, om uitdrukking te geven aan een bekend gevoel, een heel eigen uitdrukking blijkt te bezitten: zijn idioom verschilt soms totaal van dat van ons.
Zo liegen Nederlands-taligen dat ze zwart zien, terwijl Duitsers over het blauw van de hemel spreken: *er lügt das Blaue vom Himmel herunter*. En wanneer een Duitser wil zeggen dat iets kriskras door elkaar ligt, moeten er kolen en knollen aan te pas komen: *alles lag wie Kraut und Rüben durcheinander*.

Iedere al wat gevorderde talenstudent weet dat hier de moeilijkheden van de vreemde taal schuilen: wat is de precieze gevoelswaarde van een woord waar het woordenboek de kwalificatie 'familiaar' of 'vulgair' aan geeft?
Die ontdek je pas in de context van een zin en in het vergelijken met andere, bijna identieke zinnen.

De Prisma Spreekwijzer Duits biedt circa 3000 zinnen, gegroepeerd rond 140 thema's of begripsvelden: twintig à vijfentwintig uitdrukkingen en zegswijzen rond een begrip als 'intelligent', rond een werkwoord als 'lachen', waarbij ook de meeste synoniemen in een voorbeeldzin worden behandeld.
Bij de selectie van de 'begripsvelden' is de nadruk gelegd op de meer abstracte woorden en de gemoedsbewegingen, die men in zovele uiterst genuanceerde uitdrukkingen kan tegenkomen. De thema's staan in alfabetische volgorde; de voorbeeldzinnen zijn zoveel mogelijk alfabetisch op de kernwoorden van het idioom gerangschikt. De belangrijkste woorden in het idioom worden in een apart kader onder het kopje van elk begripsveld genoemd. Deze kaderwoorden zijn tevens in het register opgenomen.

Veel aandacht is besteed aan de spreektaal, waarbij het populaire en soms enigszins platte idioom niet is geschuwd.

Langs deze weg willen de auteurs graag Edwin Gutknecht, Nathalie Langendorff en Pauline Pieters hartelijk bedanken voor hun medewerking aan deze Spreekwijzer.

Bijzondere tekens:

/ Varianten in de zegswijzen zijn gescheiden door een schuine streep

( ) een woord dat in een uitdrukking ook kan worden weggelaten, is tussen ronde haken geplaatst

* Informele uitdrukkingen zijn voorzien van een asterisk

** (zeer) vulgaire uitdrukkingen zijn voorzien van een dubbele asterisk

~ formeel taalgebruik is aangegeven met een tilde

1. Aandacht

Antenne / aufmerksam / Aufmerksamkeit / Augen und Ohren / Empfang / Gedanke / Gehör / lauschen / Lippen / Ohr / Sache / Sinne / Zeit verwenden

Als die zwei Lehrer am Tisch gegenüber über Noten zu sprechen begannen, *fuhr* er **seine Antenne aus.*

Toen de twee leraren aan de tafel tegenover hem over cijfers begonnen te praten, spitste hij zijn oren.

Danke, *das ist* sehr *aufmerksam* von Ihnen.

Dank u, dat is zeer attent van u.

Der Meister *machte* seinen Azubi auf dessen Fehler *aufmerksam.*

De vakman wees zijn leerling op diens fout.

Die Kinder *hörten* dem Märchen *aufmerksam zu.*

De kinderen luisterden aandachtig naar het sprookje.

Dem jungen Schriftsteller galt die ganze *Aufmerksamkeit* des Publikums.

De jonge schrijver kreeg alle aandacht van het publiek.

Die Lehrerin *schenkte* diesem Problem viel *Aufmerksamkeit.*

De lerares besteedde veel aandacht aan dit probleem.

Er brachte der Gastgeberin eine *kleine Aufmerksamkeit* mit.

Hij nam voor de gastvrouw een kleine attentie mee.

Mit seiner Falschaussage *lenkte* der Zeuge die *Aufmerksamkeit* in die falsche Richtung.

Met zijn valse getuigenis stuurde de getuige de aandacht in de verkeerde richting.

Bei ihm müssen wir *Augen und Ohren offenhalten.*

Bij hem moeten we onze ogen en oren openhouden.

Als sich seine Geschwister über ihn unterhielten, *stellte* er **seine Lauscher/Ohren auf Empfang*.

Toen zijn broers en zussen over hem aan het praten waren, legde hij zijn oor te luister.

Er *versammelte* alle *seine Gedanken*, um einen guten Bewerbungsbrief zustande zu bringen.

Hij concentreerde zich tot het uiterste om een goede sollicitatiebrief te schrijven.

Er *bat* alle Anwesenden *um Gehör* für den nächsten Redner.

Hij vroeg alle aanwezigen om aandacht voor de volgende spreker.

Indem er mit seinem Löffel an das Weinglas schlug, *verschaffte* er *sich Gehör*.

Door met zijn lepel tegen het wijnglas te tikken, kreeg hij de aandacht.

Die Studenten *lauschten* der Vorlesung der Dozentin konzentriert.

De studenten luisterden geconcentreerd naar het college van de docente.

Er *hing an ihren Lippen*.

Hij hing aan haar lippen.

**Sperr* deine *Ohren auf* und *hör(e) gut zu!*

Spits je oren en luister goed!

Peter *war ganz Ohr*, als ihm sein Freund von seinem Abenteuer erzählte.

Peter was één en al oor, toen zijn vriend over zijn avontuur vertelde.

Im Physikunterricht *war* Michael immer *ganz bei der Sache*.

In de natuurkundeles was Michael altijd heel goed bij de les.

Sie mußte *ihre fünf Sinne zusammennehmen*, um das Kreuzworträtsel zu lösen.

Zij moest zich flink inspannen om het kruiswoordraadsel op te lossen.

Mönche *verwenden viel Zeit auf* Gebet und Meditation.
Monniken besteden veel tijd aan gebed en meditatie.

2. Aangenaam

angenehm / Angenehme / Augenschmaus / behaglich / bequem / charmant / sich fühlen / gelegen kommen / gemütlich / gern gesehen / heiter / Musik in den Ohren / sympathisch / sich treffen / wohltuend / wünschenswert / zusagen

Die Empfangshalle des Hotels hat ein sehr *angenehmes* Erscheinungsbild.
De ontvangsthal van het hotel heeft een aangename ambiance.

Jedesmal wenn sie nach Stuttgart fährt, kann sie *das Angenehme mit dem Nützlichen verbinden.*
Iedere keer als zij naar Stuttgart gaat, kan ze het aangename met het nuttige verenigen.

Die Darbietungen des Balletts waren ein wahrer *Augenschmaus.*
De balletuitvoering was een streling voor het oog.

Sie rekelt sich jeden Abend erst eine Weile *behaglich* in ihrem Bett, bevor sie einschläft.
Zij rekt zich iedere avond een tijdje behaaglijk uit in bed, voordat ze inslaapt.

Auf eurem neuen Sofa sitzt man wirklich *bequem.*
Op jullie nieuwe bank kun je echt lekker zitten.

Er ist ein sehr *charmanter* Gastgeber.
Hij is een charmante gastheer.

Bei seinen Freunden *fühlte* er *sich* eigentlich genauso *wohl* wie zu Hause.
Bij zijn vrienden voelde hij zich eigenlijk helemaal thuis.

Die Gehaltserhöhung kurz vor Weihnachten *kam* Vater sehr *gelegen.*

De loonsverhoging vlak voor Kerstmis kwam vader zeer gelegen.

Euer Wohnzimmer wirkt durch den offenen Kamin sehr *gemütlich.*

Jullie woonkamer ziet er door de open haard erg gezellig uit.

Unser Nachbar ist ein *gern gesehener* Gast.

Onze buurman is een graag geziene gast.

Seine Schwester hatte ein *heiteres* Gemüt.

Zijn zus was een opgewekte meid.

Dein Vorschlag, nächste Woche mit mir in Urlaub zu fahren, *klingt wie Musik in meinen Ohren.*

Jouw voorstel om volgende week met mij op vakantie te gaan, klinkt mij als muziek in de oren.

Der Mann von Ulrike ist ein ganz *sympathischer* Kerl.

De man van Ulrike is een heel sympathieke kerel.

Das *trifft sich gut*, dass du morgen früh kommen kannst.

Dat komt goed uit, dat jij morgenochtend kunt komen.

Dieser Kräutertee schmeckt sehr *wohltuend.*

Deze kruidenthee streelt de tong.

Es ist sehr *wohltuend*, hier bei euch so ausspannen zu können.

Het doet me erg goed, me hier bij jullie zo te kunnen ontspannen.

Es wäre *wünschenswert*, wenn Sie den Auftrag in der abgesprochenen Zeit erfüllen könnten.

Het is wenselijk dat u de opdracht binnen de gestelde termijn afrondt.

Der Vorschlag von Friederike, noch ein Eis zu essen, *sagte* mir *zu.*

Het voorstel van Friederike, om nog een ijsje te gaan eten, viel bij mij in goede aarde.

3. Aankomen / Komen

ankommen / auftauchen / bevorstehen / einmarschieren / eintreffen / eintreten / erscheinen / heraufziehen / herauskommen / hochkommen / im Kommen sein / kommen / landen / nahen / vorbeikommen

Meine Tante wird um 15.33 Uhr mit dem Zug *ankommen.*
Mijn tante zal met de trein van 15.33 aankomen.

Auf ein Bier *kommt es nicht mehr an*, deshalb trinke ich noch Eins.
Een biertje meer of minder maakt niets uit, daarom neem ik er nog eentje.

In letzter Zeit *tauchen* immer mehr seltsame Gestalten im Stadtbild *auf.*
De laatste tijd zijn er steeds meer rare figuren in de stad te vinden.

Ich fürchte, dass ein schweres Gewitter *bevorsteht/heraufzieht.*
Ik vrees dat er hevig onweer op komst is.

Das Paket ist noch nicht *eingetroffen.*
Het pakje is nog niet aangekomen.

Wenn die Vorhersagen *eintreten*, wird die Firma in diesem Jahr einen hohen Gewinn erzielen.
Als de voorspellingen uitkomen, dan zal de firma dit jaar een flinke winst boeken.

Immer wenn sie auf einer Party *erscheint*, steht sie bei den Männern im Mittelpunkt.
Altijd wanneer zij op een feestje verschijnt, staat zij bij de mannen in de belangstelling.

Bei den polizeilichen Ermittlungen ist nichts *herausgekommen.*
Het onderzoek van de politie heeft niets opgeleverd.

Wenn es *hochkommt*, muss ich noch 200 Euro nachbezahlen.
In het uiterste geval moet ik 200 Euro bijbetalen.

Die Mode der sechziger Jahre ist wieder schwer *im Kommen.*
De mode van de jaren zestig is weer erg in trek.

Zum Sommerfest sind viel weniger Leute als erwartet *gekommen.*
Op het zomerfeestje zijn veel minder mensen gekomen dan verwacht.

Ich wusste schon vor dem Unfall, *dass es einmal so kommen musste*, denn er fuhr immer viel zu schnell.
Ik wist al vóór het ongeluk dat dit te verwachten was, want hij reed altijd veel te hard.

Ihre Taktik war, den Gegner *kommen zu lassen.*
Hun tactiek was op actie van de tegenstander te wachten.

Wer zuerst kommt, mahlt zuerst.
Wie 't eerst komt, wie 't eerst maalt.

Kommt Zeit, kommt Rat.
Komt tijd, komt raad.

Sie war sich sicher, dass die Wahrheit letztendlich *ans Licht kommen* würde.
Zij was er zeker van dat de waarheid uiteindelijk aan 't licht zou komen.

Ich *bin zu dem Entschluss gekommen*, mir eine neue Wohnung zu suchen.
Ik heb besloten een nieuwe woning te zoeken.

Es kommt mir sehr *ungelegen*, dass ich den Essay jetzt noch fertigmachen muss.
Het komt mij erg slecht uit dat ik dit essay nu nog moet afmaken.

Es war das erste Mal, dass sie unter den ersten Zehn *ins Ziel kam.*
Het was de eerste keer dat zij onder de eerste tien finishte.

Diesem Hund darf man nicht *zu nahe kommen*, er beißt sofort.
Je mag niet te dicht bij deze hond komen, want hij bijt meteen.

Das Baby soll in einer Woche *zur Welt kommen.*
De baby moet over een week geboren worden.

Nach vielen Telefongesprächen konnte das Treffen doch noch *zustande kommen.*
Na vele telefoontjes kon de ontmoeting toch nog plaatsvinden.

Die Alliierten *landeten* in der Normandie und *marschierten* von dort in Frankreich *ein.*
De geallieerde troepenmacht landde in Normandië en viel van daaruit Frankrijk binnen.

Die Zeit des Abschieds *naht.*
De tijd van afscheid nadert.

Der Karnevalsumzug *nähert sich* langsam.
De carnavalsoptocht komt langzaam dichterbij.

Ich werde am Sonntag kurz bei dir *vorbeikommen.*
Ik zal zondag even bij je langskomen.

4. Aanvallen

Angriff / Arena / attackieren / Auge / Beschuss / Flucht / herfallen / kampfeslustig / zu Leibe rücken / stürmen / verteufeln / zersetzen

Diese Unterstellung war ein *Angriff* auf seine Person.
Deze verdachtmaking was een aanval op zijn persoon.

Nachdem er sich ruhig die Argumente der Gegenseite angehört hatte, *ging* er *zum (Gegen-)Angriff über.*
Nadat hij rustig naar de argumenten van de tegenpartij geluisterd had, ging hij over tot de (tegen)aanval.

Mit diesem Produkt *steigen* wir *in die Arena* und werden uns dem Markt stellen, meinte der Firmenchef *kampfeslustig.*
Met dit product komen we op de markt en we zullen ons daar handhaven, beweerde de directeur vechtlustig.

Die Opposition *attackierte* die Gesetzesvorschläge der Regierung in ungewöhnlich scharfer Form.
De oppositie leverde opmerkelijk scherpe kritiek op de wetsvoorstellen van de regering.

Augen zu und durch!
Tanden op elkaar!

Sein Chef *nahm* seinen Vorschlag *unter Beschuss*.
Zijn chef nam zijn voorstel onder vuur.

Ihr bleibt nur noch die *Flucht nach vorne*.
Haar rest niets anders dan in de aanval te gaan.

Wie eine wildgewordene Horde *fielen* die Kinder über die Schokolade *her*.
Als een wilde horde stortten de kinderen zich op de chocola.

Die Polizei verhinderte, dass die zwei verfeindeten Fangruppen einander zu heftig *zu Leibe rückten*.
De politie verhinderde dat de twee vijandige supportersgroepen elkaar te heftig te lijf zouden gaan.

Die Mannschaft *stürmte* ununterbrochen auf das Tor des Gegners zu.
De ploeg stormde in één ruk op het doel van de tegenstander af.

Der Papst kritisiert Verhütungsmittel nicht nur heftig, er *verteufelt* sie geradezu.
De paus bekritiseert voorbehoedsmiddelen niet alleen hevig, hij veroordeelt ze als des duivels.

Diese Säure *zersetzt* alles, womit sie in Berührung kommt.
Dit zuur vernietigt alles waarmee het in aanraking komt.

5. Aanwezig / Afwezig

abwesend sein / Abwesenheit / Berg / Bord / Anwesende / Anwesenheitspflicht / Beisein / Dabeisein / Erdboden / in Gegenwart / Hand / nicht da / auf Nimmerwiedersehen / präsent / Stelle / verreist sein / verschwinden / weg / woanders

Endlich *waren* alle Passagiere *an Bord.*
Eindelijk waren alle passagiers aan boord.

Alle *Anwesenden* werden um Ruhe gebeten.
Alle aanwezigen wordt gevraagd stil te zijn.

Für die Unterrichtsstunden besteht *Anwesenheitspflicht.*
Voor die lesuren geldt aanwezigheidsplicht.

Das Denkmal wurde *im Beisein* des Ministers enthüllt.
Het monument werd in aanwezigheid van de minister onthuld.

Im *Beisein* der ganzen Familie wurde das Testament verlesen.
In aanwezigheid van de hele familie werd het testament voorgelezen.

Dabeisein ist alles.
Erbij zijn is het belangrijkste.

Diese Aussage hat der Angeklagte *in Gegenwart* des Polizeibeamten gemacht.
Deze uitspraak heeft de verdachte in het bijzijn van de politieagent gedaan.

Haben Sie die Dokumente gerade *zur Hand?*
Heeft u de documenten bij de hand?

Alle wichtigen Personen der Filmindustrie waren *präsent.*
Alle beroemdheden van de filmindustrie waren present.

Er *ist* immer *zur Stelle*, wenn man ihn braucht.
Hij staat altijd voor je klaar, als je hem nodig hebt.

Konzentriere dich doch mal! Du *bist* schon wieder *geistig abwesend.*

Concentreer je nou eens! Je bent alweer ergens anders met je gedachten.

Alex *glänzte* zum wiederholten Male *durch Abwesenheit.*

Alex schitterde weer door afwezigheid.

Der Bankräuber *war* mitsamt seiner Beute **über alle Berge.*

De bankovervaller was 'm met de hele buit al lang gesmeerd.

Der Ring war wie *vom Erdboden verschluckt.*

De ring leek van de aardbodem verdwenen.

Der Partner der Künstlerin war bei der Vernissage *(nicht) da.*

De partner van de kunstenares was voor de vernissage (niet) aanwezig.

Sie verschwand mit seinem Geld *auf Nimmerwiedersehen.*

Zij verdween voorgoed met zijn geld.

Mein Kollege ist nicht zu sprechen, denn er *ist verreist.*

Mijn collega is niet bereikbaar, omdat hij op reis is.

Sabrina ist schon vor einiger Zeit *verschwunden.*

Sabrina is al geruime tijd verdwenen.

Die Direktorin ist leider schon *weg.*

De directrice is helaas al weg.

In Gedanken war er ganz *woanders.*

In gedachten was hij ergens anders.

6. Aarzelen

ändern / bringen / entscheiden / Entscheidung / Hin und Her / hü oder hott / weder kalt noch warm / schlüssig / schwanken / Schwebe / sehen / überlegen / überschlafen / unentschlossen / unschlüssig / wanken / wollen / Zaudern

Seine Meinung *ändert sich wie das/ein Fähnchen im Wind.*
Hij waait met alle winden mee.

Der Abteilungsleiter konnte es lange *nicht über sich bringen*, drei seiner Mitarbeiter entlassen zu müssen.
De afdelingschef heeft het lang niet over zijn hart kunnen krijgen om drie van zijn medewerkers te moeten ontslaan.

Entscheide dich endlich! Ja oder Nein?
Beslis nu eindelijk eens! Ja of nee?

Sie *ringt* jetzt schon über eine Woche *um die Entscheidung*.
Zij doet er nu al een week over om een beslissing te nemen.

Ich bin dieses dauernde *Hin und Her* so langsam satt.
Zo langzaam aan ben ik dit getwijfel zat.

**Hü oder hott!*
Dit of dat!

Was du da sagst *ist weder kalt noch warm.*
Wat jij zegt is noch het één noch het ander.

Der arbeitslose Lehrer *war sich* noch *nicht schlüssig*, ob er tatsächlich umschulen sollte.
De werkloze leraar had nog niet besloten of hij daadwerkelijk zou omscholen.

Der Klassenlehrer *schwankte* noch, ob er die Strafe tatsächlich verhängen sollte.
De meester twijfelde nog of hij de straf daadwerkelijk zou geven.

Die Entscheidung des Spiels *blieb* lange Zeit *in der Schwebe.*
De uitslag van de wedstrijd verkeerde lang in het ongewisse.

Ich weiß auch noch nicht, was geschehen wird. *Wir werden sehen.*
Ik weet ook niet wat er zal gebeuren. We zullen zien.

Sie *überlegt hin und her*, ob sie ihm tatsächlich einen Brief schreiben soll.
Ze wikt en weegt of zij hem daadwerkelijk een brief zou moeten schrijven.

Dieses Angebot musste er noch einmal *überschlafen.*
Over dit aanbod moest hij nog een een nachtje slapen.

Seine Chefin war in der Sache wegen seiner Gehaltserhöhung noch *unentschlossen.*
Zijn bazin had wat betreft zijn loonsverhoging nog niets besloten.

Sie waren sich noch völlig *unschlüssig*, wohin sie dieses Jahr in Urlaub fahren sollten.
Zij hadden nog geen idee waar ze dit jaar met vakantie naar toe zouden gaan.

Der Vorstand *wankte* noch, ob er diesen Beschluss wirklich fassen sollte.
De directie twijfelde nog of zij dit besluit werkelijk zou nemen.

**Wir wissen zwar nicht was wir wollen, aber das dafür ganz genau.*
We weten gewoon niet wat we willen.

Nach langem *Zaudern* entschloss sie sich, diese Speise doch einmal zu probieren.
Na lang aarzelen besloot zij dit gerecht toch eens te proeven.

7. Actie

Ablenkungsmanöver / Aktion / aktiv werden / anpacken / Coup / Großaktion / Handlung / Initiative / Intervention / Leistung / leiten / Operation / Sache / Schritt / Tat / Unterfangen / unternehmen / Unternehmen / vorgehen

Die Rebellen versuchten mit einem *Ablenkungsmanöver* die Stadt zu erobern.
De rebellen probeerden met een afleidingsmanoeuvre de stad te veroveren.

Die Gewerkschaft fordert alle Mitglieder auf, *in Aktion zu treten.*
De vakbond vraagt alle leden in actie te komen.

Amnesty International begann mit *Aktionen* im ganzen Land.
Amnesty International begon met activiteiten in het hele land.

Es ist leider festzustellen, dass immer mehr rechtsextreme Gruppen *aktiv werden*.
We moeten helaas vaststellen dat steeds meer rechts-extreme groeperingen in actie komen.

Wenn wir alle mit *anpacken*, dann ist der Umzug schnell vorbei.
Als wij allemaal mee aanpakken, dan is de verhuizing zo rond.

Den Bankräubern war ein großer *Coup* gelungen.
De bankovervallers hadden een grote slag geslagen.

Die Polizei versuchte in einer *Großaktion* die entkommenen Gefangenen zu schnappen.
De politie probeerde met een grote actie de ontvluchte gevangenen te pakken te krijgen.

Deine *Handlungen* sind nicht immer ganz einfach nachzuvollziehen.
Jouw handelingen zijn niet altijd makkelijk te begrijpen.

Einer muss *die Initiative ergreifen*, damit die Sache ins Rollen kommt.
Iemand moet het initiatief nemen, zodat de zaak op gang komt.

Die *Intervention* des Militärs verhinderte eine Revolution.
Het optreden van de militairen verhinderde een revolutie.

Es ist erstaunlich, zu welchen *Leistungen* ein Mensch fähig ist.
Het is verbazingwekkend tot welke prestaties een mens in staat is.

Der König befahl, alle nötigen Sicherheitsvorkehrungen *in die Wege zu leiten*.
De koning gaf het bevel alle noodzakelijke veiligheidsmaatregelen te nemen.

Die Amerikaner begannen die '*Operation* Wüstensturm' gegen den Irak.
De Amerikanen begonnen met de operatie 'Desert Storm' tegen Irak.

Wenn Ulrike *die Sache in die Hand nimmt*, dann haben wir das Problem bald gelöst.
Als Ulrike de leiding neemt, dan is het probleem zo verholpen.

Nun muss die Gegenseite *den ersten Schritt tun*.
Nu moet de tegenpartij de eerste stap zetten.

Sie ist eine Frau der *Tat!*
Zij is een vrouw van daden!

Die Absetzung des Parteivorsitzenden hat sich als wenig glückliches *Unterfangen* erwiesen.
Het bleek dat de afzetting van de partijvoorzitter geen goede zet was.

Wir werden etwas *unternehmen* müssen, um den Bau des Flughafens zu verhindern.
Wij zullen actie moeten ondernemen om de bouw van het vliegveld te voorkomen.

Die Wüstentour war ein gefährliches *Unternehmen*.
De tour door de woestijn was een gevaarlijke onderneming.

Viele Menschen finden, dass man gezielter gegen Kriminelle *vorgehen* sollte.
Veel mensen vinden dat men doelbewuster tegen criminelen moet optreden.

8. Afgunst

Abgunst / beneiden / Brotneid / Eifersucht / eifersüchtig / Futterneid / Missgunst / missgünstig / Neid / neiderfüllt / Neidhammel / neidisch / Scheelsucht

Abgunst machte aus ihm einen unzufriedenen Menschen.
Afgunst maakte van hem een ontevreden mens.

Er *beneidete sie um* ihre Ruhe.
Hij benijdde haar om haar kalmte.

Nicht nur zu Kriegszeiten kommt *Brotneid* vor.
Niet alleen in tijden van oorlog komt broodnijd voor.

Sie konnte ihre *Eifersucht* nur schlecht verbergen.
Zij kon haar jaloezie maar moeilijk verbergen.

Er war so *eifersüchtig*, dass er sie nicht alleine weggehen lassen wollte.
Hij was zo jaloers dat hij haar niet alleen weg wilde laten gaan.

Aus *Futterneid* fühlte er sich durch andere Geschäftsleute bedroht.
Door zijn afgunst voelde hij zich door andere zakenlieden bedreigd.

Missgunst ist der Grund für manch zerbrochene Freundschaft.
Afgunst is de oorzaak van menig verbroken vriendschap.

Mit *missgünstigen* Blicken beobachteten die Dorfbewohner den Neuhinzugezogenen.
Met afgunstige blikken observeerden de inwoners van het dorp de nieuwkomer.

Nur kein Neid! Du bekommst auch noch etwas Schokolade.
Niet jaloers zijn! Jij krijgt ook nog wat van de chocola.

Ihr schaut der Neid schon aus den Augen.
De afgunst is haar aan te zien.

Neidisch zu sein wegen einer großen Villa, ist nur der *Neid der Besitzlosen.*
Iemand vanwege een villa benijden is slechts nijd om wat men zelf niet heeft.

Das muss der Neid ihm lassen, dieses Problem hat er hervorragend gelöst.
Je moet hem nageven, dit probleem heeft hij uitstekend opgelost.

Es hatte den Anschein, als würde er *vor Neid platzen.*
Het leek alsof hij zou barsten van afgunst.

Als er die Reichtümer sah, wurde er *blass vor Neid.*
Toen hij al de rijkdommen zag, werd hij geel van nijd.

Als sie ihre Freundin besuchte, wurde sie *gelb/grün vor Neid.*
Toen zij op visite kwam bij haar vriendin, werd zij geel van nijd.

Neiderfüllt sah sie auf die schlanke Figur ihrer Widersacherin.
Vol afgunst bekeek zij het slanke figuur van haar tegenstandster.

Er ist wirklich ein echter *Neidhammel.* Er gönnt mir auch gar nichts.
Hij is werkelijk een erg afgunstige persoon. Hij gunt me dan ook niets.

Neidisch schaute der kleine Junge auf das Spielzeug seines Freundes.
Stikjaloers keek het jongetje naar het speelgoed van zijn vriendje.

Das ist die reine *Scheelsucht!*
Dit is je reinste afgunst!

9. Afkeer

abgewinnen / ausstehen / fern stehen / Freund / fressen / Gefrierpunkt / Gegenliebe / jagen / Kredit / leiden / lieber tun / liegen / Nullpunkt / Pest / riechen / schlecht / Strich / Typ / zu tun haben

Dem Gedanken, heute noch das Geschirr abspülen zu müssen, *konnte* er *nichts abgewinnen.*
De gedachte vandaag nog af te moeten wassen, kon hem niet bekoren.

Seine Frau konnte es *auf den Tod nicht ausstehen*, wenn er die Zahnpastatube immer in der Mitte zusammendrückte.
Zijn vrouw kon het absoluut niet uitstaan dat hij de tandpastatube altijd in het midden uitkneep.

Rechte Parteien *stehen* ihm sehr *fern*.
Van rechtse partijen moet hij niets hebben.

Er *war kein großer Freund* der Sparvorschläge, die die Regierung unterbreitete.
Hij had geen hoge dunk van de spaarplannen die de regering voorstelde.

**Den habe ich gefressen!*
Ik kan hem niet uitstaan!

Die Beziehungen der beiden Staaten *sanken auf den Gefrierpunkt*.
De betrekkingen tussen de twee staten daalden tot onder het vriespunt.

Sein Vorschlag *stieß* bei seinen Kollegen *auf wenig Gegenliebe*.
Zijn voorstel vond weinig enthousiasme bij zijn collega's.

Mit Spinat kannst du mich **jagen*.
Met spinazie kun je mij het huis uit jagen.

Nach diesem folgenschweren Fehler hatte der Azubi den *Kredit* bei seinem Vorarbeiter *verspielt*.
Na deze grove fout had de leerling alle krediet bij zijn voorman verspeeld.

Ich *kann* es *nicht leiden*, wenn du mich an den Füßen kitzelst.
Ik kan er niet tegen als je onder mijn voeten kietelt.

Ich *wüsste, was ich lieber täte*, als Kartoffeln zu schälen.
Ik zou wel iets kunnen verzinnen wat ik liever zou doen dan aardappels schillen.

Diese Art des Umgangs miteinander *liegt* mir (überhaupt) *nicht*.
Deze manier van omgaan met elkaar ligt mij (helemaal) niet.

Ihre diplomatischen Beziehungen *waren auf dem Nullpunkt angelangt*.
Hun diplomatieke betrekkingen bereikten het nulpunt.

Jede sportliche Betätigung vermeidet er **wie die Pest.*

Hij mijdt iedere sportieve bezigheid als de pest.

Die beiden Geschwister *konnten* einander *nicht riechen.*

De beide broers/zussen konden elkaar niet luchten of zien.

Bei einem so hinterfotzigen Verhalten, **da kann einem ja nur noch schlecht werden.*

Je zou toch misselijk worden van dergelijk achterbaks gedrag.

Die Art und Weise, in der der Staatsanwalt mit seinem Klienten umging, *ging ihm gegen den Strich.*

De manier waarop de officier van justitie met zijn cliënt omging stond hem tegen.

Dieser Kerl mit der gelben Krawatte *ist* echt *nicht mein Typ.*

Die kerel met die gele stropdas is niet mijn type.

Nachdem seine politische Vergangenheit offenbar wurde, wollte niemand mehr *etwas* mit ihm *zu tun haben.*

Nadat zijn politieke verleden openbaar werd, wou niemand meer iets met hem te maken hebben.

10. Angst

angst / Angst / Angsthase / Duckmäuser / Espenlaub / Furcht / ein gebranntes Kind / Hose / kalte Füße / Manschette / Muffe / Rücken / Schiss haben / Schneid abkaufen / Schwanz / Schweiß / Teufel / tief im Nacken / weiche Knie / zittern

So spät noch ganz allein im Wald wurde ihm richtig *angst und bange.*

Om zo laat nog helemaal alleen in het bos te zijn maakte hem echt bang.

Beim Anblick seines Gegners *bekam* der Boxer es doch *mit der Angst zu tun.*

Bij de aanblik van zijn tegenstander werd de bokser toch angstig.

Sie *kam beinahe um vor Angst*, als sie nachts alleine durch die unbeleuchtete Straße gehen musste.
Ze stierf zowat van angst, toen ze 's nachts alleen door de onverlichte straat moest lopen.

Ein echter *Duckmäuser* ist das.
Dat is een echte bangerik.

Der Angeklagte *zitterte wie Espenlaub*, als der Richter das Urteil verkündete.
De verdachte trilde als een juffershondje, toen de rechter het oordeel velde.

Die Militärjunta verbreitet *Furcht und Schrecken* unter der Bevölkerung.
De militaire politie verbreidt grote angst en schrik onder de bevolking.

Die Furcht, dass er bei der Führerscheinprüfung durchfallen könnte, *saß* ihm *tief im Nacken.*
De angst dat hij voor het rijexamen zou kunnen zakken, zat er goed in.

Ein gebranntes Kind scheut das Feuer.
Een ezel stoot zich niet tweemaal aan dezelfde steen.

Mach dir bloß nicht **in die Hose*, du **Angsthase!*
Doe het vooral niet in je broek, schijtluis!

Der hat wohl **kalte Füße gekriegt* und ist abgehauen.
Hij is waarschijnlijk bang geworden en is hem gesmeerd.

Vor seinem ersten Bewerbungsgespräch *hatte* er wirklich *Manschetten.*
Voor zijn eerste sollicitatiegesprek was hij werkelijk angstig.

Vor der nächsten Bio-Klausur *hatte* die ganze Klasse ganz schön **Muffe*.
Voor het volgende biologieproefwerk zat de hele klas behoorlijk in zijn rats.

Beim Anblick der vielen grässlichen Bilder in der Tagesschau *läuft* es einem *kalt den Rücken runter.*

Bij de aanblik van de vele afschuwelijke beelden op het journaal lopen de koude rillingen je over de rug.

Vor Schäferhunden *hatte* er schon als Kind gehörig **Schiss.*

Als kind was hij al behoorlijk schijterig voor Duitse herders.

Mit einem schweren Foul gleich zu Anfang des Spiels, hatte er dem Stürmer *den Schneid abgekauft.*

Met een zware overtreding meteen aan het begin van de wedstrijd, heeft hij de aanvaller angst ingeboezemd.

Jedesmal wenn der Chef was sagt, *zieht* der sofort **seinen Schwanz ein.*

Iedere keer als de chef wat zegt, krimpt hij ineen.

In Schweiß gebadet schreckte er aus seinem Alptraum hoch.

Badend in het zweet schrok hij wakker uit zijn nachtmerrie.

Er mied diesen Autobahnabschnitt *wie der Teufel das Weihwasser.*

Hij vermeed dit gedeelte van de snelweg als de duivel het wijwater.

Als er mit dem Blumenstrauß in der Hand vor ihrer Tür stand, bekam er *weiche Knie.*

Toen hij met de bos bloemen in de hand voor haar deur stond, kreeg hij knikkende knieën.

Er *zitterte am ganzen Leib.*

Hij beefde als een rietje.

11. Bedoelen

Absicht / abzielen / anvisieren / Auge / bezwecken / fraglich / Gedanke / gedenken / hinauswollen / hinsteuern / meinen / Sache / Schild / Sinn der Sache / vorhaben / Vorsatz / wollen / Ziel

Es war nicht meine *Absicht*, soviel Verwirrung zu stiften.
Het was niet mijn bedoeling zoveel verwarring te stichten.

Alle Argumente *zielen* auf eine Verkürzung der Wochenarbeitszeit *ab*.
Alle argumenten wijzen erop de wekelijkse werktijden te verkorten.

Was haben Sie sich als ihr nächstes Ziel *anvisiert?*
Wat heeft u zich als volgend doel voor ogen gesteld?

Wir *haben* ein schönes Haus am Stadtrand *im Auge*.
Wij hebben een mooi huis aan de rand van de stad op het oog.

Es ist mir nicht deutlich, was du mit dieser zweiten Untersuchung *bezweckst*.
Het is mij niet duidelijk wat je met dit tweede onderzoek op het oog hebt.

Wo waren Sie zum *fraglichen* Zeitpunkt?
Waar was u op het bewuste tijdstip?

Ich *spiele* ernsthaft *mit dem Gedanken*, im nächsten Jahr in Rente zu gehen.
Ik denk er serieus over na volgend jaar met pensioen te gaan.

Das Buch war für Beate *gedacht* und die CD für Friederike.
Het boek was bedoeld voor Beate en de cd voor Friederike.

Er hat mir leider nicht gesagt, was er in dieser Sache *zu tun gedenkt*.
Hij heeft me helaas niet verteld wat hij in deze zaak wil doen.

Können Sie uns bitte mitteilen, wor*auf* Sie *hinauswollen?*
Zou u ons kunnen zeggen wat u bedoelt?

Ich verstehe schon, worauf du *hinsteuerst*.
Ik begrijp wel waar je naar toe wilt.

Sein Kopf wurde so rot, dass alle wussten, wer *gemeint* war.
Zijn hoofd werd zo rood dat iedereen wist om wie het ging.

Was *meinst* du damit, ich wäre nicht intelligent genug für diese Aufgabe?

Hoe bedoel je, ik ben niet intelligent genoeg voor deze opdracht?

Die Chefin macht keine langen Umschweife, sie *kommt* immer gleich *zur Sache*.

De bazin draait er niet omheen, ze komt meteen ter zake.

Diese Jungen *führen* schon wieder Böses *im Schilde*.

Deze jongens voerden iets in hun schild.

Es war gerade *der Sinn der Sache*, alle vorhandenen Ideen zu sammeln.

Het was juist de bedoeling alle bestaande ideeën te verzamelen.

Ich möchte wissen, was ihr *vorhabt*.

Ik wil weten wat jullie van plan zijn.

Sie hatte *den festen Vorsatz gefasst*, mit dem Rauchen aufzuhören.

Ze was vast van plan om met roken te stoppen.

Ich *wollte* dich wirklich nicht beleidigen.

Ik wilde je echt niet beledigen.

Sie hatte *sich zum Ziel gesetzt*, ihre Schule mit einer sehr guten Abiturprüfung zu beenden.

Ze was van plan om haar school met een zeer goed eindexamen af te sluiten.

12. Bedriegen

abkassieren / beiseite schaffen / benachteiligen / bereichern / falsch spielen / hintergehen / lügen / mogeln / Ohr / schwindeln / Steuerhinterziehung / übertölpeln / übervorteilen / unterschlagen / verdunkeln / veruntreuen / vortäuschen

Ihr wollt doch nur **abkassieren*, und ich kann sehen, wo ich bleibe?

Jullie willen alleen maar dik verdienen en ik kan zeker zien waar ik blijf?

Die Verkäuferin hatte für einen ansehnlichen Betrag Waren aus dem Geschäft *beiseite geschafft*.

De verkoopster had voor een aanzienlijk bedrag spullen uit de zaak achterovergedrukt.

Ich fühle mich den anderen Mitarbeitern gegenüber *benachteiligt*.

Ik voel me achtergesteld bij de andere medewerkers.

Mit dem Geschäft *bereicherte* er sich auf Kosten seiner Geschäftspartner.

Met deze transactie verrijkte hij zich ten koste van zijn zakelijke relaties.

Bei ihm würde ich aufpassen. Er *spielt falsch*.

Bij hem zou ik opletten. Hij speelt vals.

Bei kleinen Aufträgen *hinterging* sie manchmal ihren Chef und steckte das Geld selbst ein.

Bij kleinere opdrachten bedroog zij soms haar baas en hield het geld zelf.

Er **lügt das Blaue vom Himmel herunter*. Nichts von dem, was er sagt, stimmt.

Hij liegt dat hij zwart ziet. Niets van wat hij zegt is waar.

Nein Michaela, du *mogelst*. Du hast nur eine Zwei gewürfelt.

Nee Michaela, je sjoemelt. Je gooide slechts een twee.

Ich sage dir, kaufe diese Gitarre nicht, denn sie wollen dich damit nur **übers Ohr hauen*.

Ik zeg je, koop die gitaar niet, want ze willen je aan alle kanten oplichten.

Mensch Peter, du brauchst nicht zu *schwindeln*. Ich habe selbst gesehen, dass du noch ein Bonbon genommen hast.

Nee Peter, je hoeft niet te liegen. Ik heb zelf gezien dat je nog een bonbon hebt genomen.

Nachdem das Finanzamt die Steuererklärungen der letzten Jahre geprüft hatte, wurde er wegen *Steuerhinterziehung* angeklagt.
Nadat de belastingdienst de belastingaangiften van de laatste jaren had gecontroleerd, werd hij aangeklaagd wegens belastingontduiking.

Der Verkäufer *übertölpelte* sie mit seinen schönen Sprüchen.
De verkoper leidde haar/hen met zijn mooie praatjes om de tuin.

Sie *übervorteilte* ihn.
Zij verrijkte zich ten koste van hem.

Der Buchhalter hatte über eine Million DM *unterschlagen.*
De boekhouder had meer dan één miljoen DM achterovergedrukt.

Hat er etwa auch Geldgeschäfte *verdunkelt?*
Heeft hij soms ook nog geld verduisterd?

Erst nach einigen Jahren kamen sie dahinter, dass der Geschäftsführer große Summen Geldes *veruntreut* hatte.
Pas enkele jaren later werd ontdekt dat de bedrijfsleider grote sommen geld had verduisterd.

Am nächsten Morgen *täuschte* sie ihrer Mutter eine Krankheit *vor*, in der Hoffnung nicht in die Schule gehen zu müssen.
De volgende ochtend deed zij of ze ziek was, want ze hoopte dat ze dan niet naar school zou hoeven.

13. Beëindigen

abblasen / abbrechen / abklingen / abschließen / ad acta / Akte / aufhören / aus / Bruch / Einhalt gebieten / einstellen / Ende / ein Ende setzen / erlöschen / Feierabend / Garaus / hinter sich haben / den Kram hinwerfen / Nagel / Punkt / Riegel / schaffen / schließen / Sense / Todesstoß

Ich habe das Fest/die Party leider *abblasen* müssen.
Jammer genoeg heb ik het feest moeten afgelasten.

Der Diskussionsleiter *brach* das Gespräch *ab*.
De discussieleider brak het gesprek af.

Nach einer halben Stunde *klang* der Schmerz endlich *ab*.
Na een half uur hield de pijn eindelijk op.

Er *schloss* sein Studium mit cum laude *ab*.
Hij sloot zijn studie cum laude af.

So, dieses Kapitel wäre auch *abgeschlossen*.
Zo, dit hoofdstuk is ook afgesloten.

Diesen Vorgang haben wir schon lange *ad acta/zu den Akten gelegt*.
Dit voorval hebben wij al lang ad acta gelegd.

Es macht mir keinen Spaß mehr, ich *höre* damit *auf*.
Ik vind het niet leuk meer, ik stop ermee.

Zwischen uns ist es aus, ich liebe dich nicht mehr.
Het is uit tussen ons, ik houd niet meer van je.

Ihre Ehe *ging* nach 15 Jahren *in die Brüche*.
Hun huwelijk is na 15 jaar op de klippen gelopen.

Die UNO wollte dem sinnlosen Morden *Einhalt gebieten*.
De VN wilde het zinloze moorden een halt toeroepen.

Der Sendebetrieb wird zum 1. Januar nächsten Jahres *eingestellt*.
De omroep zal 1 januari volgend jaar stoppen.

Bevor ich *zum Ende komme*, möchte ich aber noch auf das Folgende hinweisen.
Voor dat ik bij het slot kom, wil ik graag nog op het volgende wijzen.

Wenn ihr euch jetzt nicht anständig benehmt, *setze* ich eurem Spiel *ein Ende*.
Als jullie je nu niet gedragen, maak ik een einde aan jullie spel.

Die Firma ist zum heutigen Tag *erloschen.*
De firma is met ingang van vandaag opgehouden te bestaan.

Für heute hatte er genug, er *machte Feierabend.*
Voor vandaag was het genoeg, hij hield op met werken.

Er *machte* der Sache *den Garaus.*
Hij maakte een einde aan de zaak.

Morgen *hat* er seine Prüfungen endlich *hinter sich.*
Morgen heeft hij zijn tentamens eindelijk achter de rug.

Mir reichts, ich **werfe den ganzen Kram hin.*
Ik ben het zat, ik kap ermee.

Nach dem letzten Spiel in dieser Saison *hängt* er die Fußballschuhe endgültig *an den Nagel.*
Na de laatste wedstrijd van dit seizoen geeft hij het voetballen echt op.

Er *machte einen Punkt* hinter seine Karriere.
Hij zette een punt achter zijn carrière.

Dies wollte er nicht länger dulden, dem musste er einfach *einen Riegel vorschieben.*
Dit wilde hij niet langer accepteren, daar moest hij een stokje voor steken.

So, *das wäre geschafft.*
Zo, dat is gedaan.

Um 18.30 Uhr *schließen* hier alle Läden.
Om half zeven sluiten alle winkels hier.

**Jetzt ist Sense!*
Afgelopen!

Mit diesem Argument *versetzte* sie ihm *den Todesstoß.*
Met dit argument bracht zij hem de doodsteek toe.

14. Beginnen

anfangen / Anfang / Anfänger / Angriff / anheben / anlaufen / anpfeifen / Anstalten machen / Begriff / Beine / Betrieb / debütieren / eröffnen / Hand / hochkrempeln / Initiative / los geht's / Platz / Post / Rolle / schieß los / Schritt / Spitze / Taufe

Na *das fängt ja gut an*. Hoffen wir, dass der Regen bald aufhört.
Nou, dat begint al goed. Laten we hopen dat het gauw ophoudt met regenen.

Wenn er *den Anfang machen* würde, würden ihm die anderen schon folgen.
Als hij zou beginnen, zouden de anderen hem wel volgen.

Der spielt ja wie ein *blutiger Anfänger*.
Die speelt als een groentje.

Sie wollten das neue Projekt noch vor den Sommerferien *in Angriff nehmen*.
Ze wilden nog voor de zomervakantie beginnen met het nieuwe project.

Der Vater der Braut wollte gerade ~*zu einer Rede anheben*, als der Bräutigam plötzlich in Ohnmacht fiel.
De vader van de bruid wilde net een toespraak gaan houden toen de bruidegom plotseling flauw viel.

Du musst die Sache *langsam anlaufen lassen*.
Je moet de zaak rustig laten beginnen.

Der Schiedsrichter *pfiff* das Spiel mit viertelstündiger Verspätung *an*.
De scheidsrechter liet de wedstrijd met een vertraging van 15 minuten beginnen.

Sie *machten Anstalten* wegzugehen.
Zij maakten aanstalten om weg te gaan.

Oh, du erreichst mich gerade noch, ich *bin* nämlich *im Begriff* wegzugehen.
Ah, je hebt me nog net te pakken. Ik sta op het punt weg te gaan.

Die Organisatoren wollten ein riesiges Festival *auf die Beine stellen.*
De organisatoren wilden een heel groot festival op poten zetten.

Wann wird denn endlich die neue Maschine *in Betrieb genommen?*
Wanneer wordt nou eindelijk de nieuwe machine in gebruik genomen?

Er *debütierte* bereits 1967 in Utrecht.
Hij debuteerde al in 1967 in Utrecht.

Die Tanzkapelle *eröffnete den Reigen* mit einem Walzer.
Het dansorkest begon met een wals.

Diese Sache *nahm* er lieber *selbst in die Hand.*
Deze zaak nam hij liever zelf ter hand.

Und dann hat er *seine Ärmel hochgekrempelt* und angefangen wie ein Irrer zu arbeiten.
En toen heeft hij zijn mouwen opgestroopt en is als een gek gaan werken.

Keiner wollte etwas dagegen tun, doch dann *ergriff* sie *die Initiative.*
Omdat niemand er iets tegen wilde doen, nam zij het initiatief.

Die Ärmel hochgekrempelt und **los geht's*. Immer zwei nehmen einen Sack!
De mouwen omhoog en daar gaan we. Steeds per twee nemen we een zak!

Auf die Plätze, fertig, los!
Op de plaatsen, klaar, af!

**Ab geht die Post!*
Nu begint het!

Die Bürgerinitiative *brachte* mit ihren Enthüllungen eine ganze Prozesslawine *ins Rollen.*

De actiegroep bracht met haar onthullingen een hele lawine van rechtszaken aan het rollen.

Jetzt kann die Sache ja *ins Rollen kommen.*

Nu kan het hele zaakje aan het rollen gaan.

Stell dich nicht so an. *Mache den ersten Schritt* und gib ihm die Hand.

Stel je niet zo aan. Zet de eerste stap en geef hem een hand.

Also, **schieß los*, was gibts Neues?

Nou, vertel op, wat is er voor nieuws?

Nach der Rede des Sachverständigen *brach* der Vorsitzende der Bürgerinitiative mit seinen Fragen *die Spitze* für die Diskussion *ab.*

Na de toespraak van de deskundige beet de voorzitter van het burgerinitiatief de spits voor de discussie af.

Die Mitglieder waren so verärgert, dass sie einen eigenen Verein *aus der Taufe hoben.*

De leden waren het zo zat, dat zij een eigen vereniging oprichtten.

15. Begrijpen

auskennen / begreifen / Bewusstsein / dämmern / sich zu Eigen machen / folgen / fressen / funken / hineindenken / hineinversetzen / kapieren / klar / Kronleuchter / leuchten / Licht / mitfühlen / nachempfinden / nachfühlen / schalten / schnackeln / Schuppe / sehen / übersehen / verstehen / sich zusammenreimen

Bei Autos *kannte* er *sich aus.*

Hij wist veel van auto's.

Ich *begreife* einfach nicht, was er damit meint.

Ik begrijp gewoon niet wat hij daarmee bedoelt.

Bis das *in ihr Bewusstsein durchdringt*, braucht es sicherlich noch einen ganzen Tag.
Voordat dit tot haar doorgedrongen is, zijn we wel een dag verder.

So langsam *dämmert* es in ihrem Kopf.
Zo langzamerhand begint het haar te dagen.

Er *machte sich* diese Musik richtiggehend *zu Eigen*.
Hij maakte zich deze muziek geheel eigen.

Kannst du mir noch *folgen?*
Kun je me nog volgen?

Na endlich, er hat es **gefressen*. War doch ganz einfach, oder?
Nou eindelijk, het is tot hem doorgedrongen. Dat was toch heel makkelijk, of niet?

Mein Gott, **funkt*'s denn bei dir noch immer nicht?
Mijn God, vat je het nou nog steeds niet?

Ich kann mich nicht in ihn *hineindenken*.
Ik kan me niet in hem verplaatsen.

Versuch doch mal, dich *in ihre Lage hineinzuversetzen*.
Probeer je eens in haar situatie te verplaatsen.

Er *kapiert* solche Sachen einfach schnell.
Hij snapt deze dingen gewoon heel snel.

Erst am nächsten Morgen *wurde ihm (richtig) klar*, was geschehen war.
Pas de volgende morgen drong het (echt) tot hem door wat er was gebeurd.

Das *leuchtet mir ein*.
Dat is mij duidelijk.

Bei diesem Stichwort *geht mir sofort ein Licht/*Kronleuchter auf*.
Bij dit trefwoord gaat mij direct een lichtje op.

Du sollst wissen, dass wir als deine Freunde alle mit dir *mitfühlen.*

Je moet weten dat wij als je vrienden met je meevoelen.

Du kannst gar nicht *nachempfinden*, was ich alles durchgemacht habe.

Jij kunt helemaal niet begrijpen wat ik allemaal heb doorgemaakt.

Meine Mutter ist auch erst letztes Jahr gestorben. Ich kann dir sehr gut *nachfühlen.*

Mijn moeder is ook pas vorig jaar overleden. Ik kan je heel goed begrijpen.

In solch einem Moment musst du einfach *schalten.*

Op zo'n moment moet je het gewoon begrijpen.

Ach so ist das, **jetzt hat's bei mir geschnackelt.*

Ach, zit dat zo, nu heb ik het door.

Aha, es **fällt ihm wie Schuppen von den Augen.*

Aha, hem vallen de schellen van de ogen.

Ich *sehe* nun die Zusammenhänge zwischen diesen beiden Ereignissen.

Ik zie nu de samenhang tussen deze twee gebeurtenissen.

Kannst du eigentlich *übersehen*, wie groß das Projekt überhaupt ist?

Kun jij eigenlijk overzien hoe groot dit project is?

Ich *verstehe* das einfach nicht, du warst doch so gut in Mathe?

Ik begrijp het gewoon niet, jij was toch zo goed in wiskunde?

Von Chemie *versteht* sie *sehr viel.*

Van scheikunde heeft zij veel verstand.

Was hast du dir denn da für eine Geschichte *zusammengereimt?*

Wat voor een verhaal heb je nou weer uit je duim gezogen?

16. Belangrijk

Aufhebens machen / ausschlaggebend / beachtlich / Bestandteil / drängend / entscheidend / ernst nehmen / Ereignis / erstrangig / Gewicht / gewichtig / heißen / lebenswichtig / notwendig / Rede / Rolle / Stelle / Teil / tonangebend / Tragweite / Vordergrund / weltbewegend / Weltrang / Wert / wertvoll / wichtig / Wind

Der Lehrer *machte viel Aufhebens/viel Wind* um das Rauchverbot auf dem Schulhof.
De leraar maakte veel ophef over het rookverbod op het schoolplein.

Dein Verhalten in diesem Bewerbungsgespräch wird *ausschlaggebend* sein.
Jouw houding in dit sollicitatiegesprek zal doorslaggevend zijn.

Er hatte bereits einen *beachtlichen* Weg der Strecke hinter sich gelassen.
Hij had al een aanzienlijk deel van de afstand afgelegd.

Dieser Satz ist ein *wesentlicher Bestandteil* unseres Vertrags!
Deze zin is een essentieel onderdeel van ons contract!

Die Politiker müssen auf die *drängenden* Fragen der Bevölkerung eine Lösung finden.
De politici moeten voor de dringende problemen van de bevolking een oplossing vinden.

Der Moment der Ballabgabe ist der *entscheidende* Augenblick.
Het moment van het afgeven van de bal is het beslissende ogenblik.

Er *nahm* dieses Turnier *sehr ernst*.
Hij nam dit toernooi heel serieus.

Der Gewinn der Meisterschaft war für sie ein *großes Ereignis*.
Het veroveren van het kampioenschap was voor haar een grote gebeurtenis.

Es handelt sich hierbei um ein *erstrangiges* Angebot.
Het gaat hierbij om een voortreffelijk aanbod.

Bei unserer Entscheidung wird die Qualität des Produkts *schwer ins Gewicht fallen.*
Bij onze beslissing zal de kwaliteit van het product zwaar meewegen.

Sein Argument war so *gewichtig*, dass ihm in diesem Punkt niemand widersprach.
Zijn argument woog zo zwaar, dat niemand hem op dit punt tegensprak.

Wenn der (mit seinem Wissem) das sagt, dann *will das was heißen.*
Als hij (met zijn kennis) dat zegt, dan zegt dat wel wat.

Dies zu lernen, kann *lebenswichtig* für sie sein.
Het kan voor haar van levensbelang zijn dit te leren.

In frischem Obst findest du jede Menge *lebenswichtiger* Vitamine.
In vers fruit vind je heel wat belangrijke vitamines.

Es ist heutzutage für viele Berufe einfach *notwendig*, eine höhere Schulausbildung zu haben.
Het is tegenwoordig voor veel beroepen gewoon noodzakelijk een hogere schoolopleiding te hebben.

Der Bundespräsident *hielt eine denkwürdige Rede* zum achten Mai.
De bondspresident hield een gedenkwaardige redevoering ter gelegenheid van de achtste mei.

Das *spielt* sehr wohl *eine Rolle*, ob du das glaubst oder nicht!
Dat speelt zeer zeker een rol, of je het nou gelooft of niet!

Sie sagte in einem Interview, dass für sie das Theater *an erster Stelle* kommt.
Zij zei in een interview dat het theater voor haar op de eerste plaats komt.

Sie haben wirklich *einen bedeutenden Teil* zum Erfolg unserer Firma *beigetragen.*

U heeft echt een groot aandeel gehad in het succes van ons bedrijf.

Er war der *tonangebende* Musiker in dieser Band.

Hij was de toonaangevende musicus in deze band.

Bitte bedenken Sie, dass Ihre Entscheidung *von großer Tragweite sein* wird.

Denkt u er alstublieft aan dat uw beslissing verstrekkende gevolgen zal hebben.

Ich bin mir sicher, dass die Sonnenenergie immer mehr *in den Vordergrund rücken* wird.

Ik weet zeker dat zonne-energie steeds meer op de voorgrond zal treden.

Im Herbst 1989 überstürzten sich die *weltbewegenden* Nachrichten gerade nur so.

In de herfst van 1989 volgden de wereldschokkende berichten elkaar snel op.

Der Fall der Berliner Mauer war ein *weltbewegendes* Ereignis.

De val van de Berlijnse Muur was een gebeurtenis die de wereld bij zou blijven.

Die Aufführung der Oper war *von Weltrang.*

De uitvoering van de opera was van topniveau.

Das Gute an ihm ist, dass er auch den kleinen Dingen einen *großen Wert beimisst.*

Het goede aan hem is dat hij ook aan de kleine dingen grote waarde hecht.

Der Dirigent *legte großen/größten Wert auf* die genaue Akzentuierung dieser Takte.

De dirigent hechtte grote waarde aan de precieze accentuering van deze maten.

Der Trainer *maß* dem nächsten Bundesligaspiel einen *großen Wert bei*.

De trainer kende de volgende eredivisiewedstrijd grote betekenis toe.

Sein Beruf war ihm so *wertvoll*, dass er sogar sein Familienleben dafür aufgeben würde.

Zijn beroep was zo belangrijk voor hem dat hij zelfs zijn gezinsleven ervoor zou opgeven.

Jetzt *mach* dich mal nicht so *wichtig*, du hast hier ja doch nichts zu sagen.

Doe nu maar niet zo gewichtig, jij hebt hier toch niets te zeggen.

17. Beloven

beteuern / Ehrenwort / Feuer / Hand drauf / hoch und heilig / rechnen / schwören / sicher sein / auf Treu und Glauben / versichern / versprechen / Wort / zählen

Der Angeklagte *beteuerte* seine Unschuld.

De verdachte bezwoer zijn onschuld.

Ich *gebe* Ihnen *mein Ehrenwort darauf*.

Daarop geef ik u mijn erewoord.

Dafür *lege ich meine Hand ins Feuer*.

Daarvoor steek ik mijn hand in het vuur.

Für seine Frau würde er *durchs Feuer gehen*.

Hij zou voor zijn vrouw door het vuur gaan.

Der Vorschlag ist in Ordnung. *Hand drauf?*

Dit voorstel is oké Afgesproken?

Sie hatte ihm *hoch und heilig versprochen*, dass sie das Geld noch heute überweisen würde.

Zij had hem bij alles wat haar heilig was beloofd dat ze het geld vandaag nog zou overmaken.

Wenn du nicht tust, was ich dir sage, gibt's Ärger, damit kannst du *rechnen!*

Als jij niet doet wat ik je zeg, komt er narigheid, daar kun je zeker van zijn!

Das *schwöre* ich, so wahr mir Gott helfe!

Dat zweer ik, zo waarlijk helpe mij God almachtig!

Sie *können sicher sein*, dass wir ihren Auftrag schnell erfüllen werden.

U kunt ervan op aan dat wij uw opdracht snel zullen uitvoeren.

Seine Schwiegereltern unterschrieben die Hypothek *auf Treu und Glauben*.

Zijn schoonouders ondertekenden de hypotheek in goed vertrouwen.

Das gibt noch Streit, das kann ich dir *versichern!*

Ik kan je verzekeren dat hier ruzie van komt!

Er hat ihr *in die Hand hinein versprochen*, dass sie den Zuschlag erhalten würde.

Hij had haar beloofd dat zij de toeslag zou krijgen.

Er *versprach* seiner Tochter, morgen mit ihr in den Zoo zu gehen.

Hij beloofde zijn dochter morgen met haar naar de dierentuin te gaan.

Darauf *gebe ich ihnen mein Wort*.

Daar geef ik mijn woord op.

Ein Mann, ein Wort!

Een man een man, een woord een woord!

Ich *nehme dich beim Wort*.

Ik houd je aan je woord.

Sie *stand zu ihrem Wort*.

Zij kwam haar woord na.

Bisher *konnte* er immer *auf sie zählen*.

Tot nu toe kon hij altijd op haar rekenen.

18. Bemoeien

sich abgeben / angehen / annehmen / beteiligt sein / dreinreden / eingreifen / sich einlassen / sich einmengen / sich einmischen / einschalten / einschreiten / kümmern / mitmischen / Nase / neugierig

Mit solchen Leuten *gebe ich mich* nicht *ab*.
Met dit soort mensen bemoei ik mij niet.

Es *geht* dich nichts *an*, wenn ich mit meiner Schwester streite.
Bemoei je er niet mee, als ik ruzie heb met mijn zus.

Der Abgeordnete versprach, dass er sich ihrer Sache *annehmen* wolle.
De parlementariër beloofde dat hij zich met hun zaak zou bemoeien.

Er will nicht daran *beteiligt sein*, wenn die Firma aufgelöst wird.
Hij wil er niet bij betrokken zijn als het bedrijf geliquideerd wordt.

Raus mit der Sprache: Wer *war* alles an dem Streich *beteiligt?*
Vooruit, zeg op: wie hebben er allemaal aan die streek meegedaan?

Der Chef ließ sich in dieser Frage von niemandem *dreinreden*.
De baas duldde in deze kwestie geen tegenspraak.

Da hätte die Polizei doch schon längst *eingreifen* müssen!
De politie had allang moeten ingrijpen!

Die alte Dame *lässt sich* mit niemandem mehr *ein*.
De oude mevrouw bemoeit zich met niemand meer.

Hans wollte sich schon *einmengen*, aber da war das Problem schon gelöst.
Hans wilde zich er al mee gaan bemoeien, maar toen was het probleem al opgelost.

Sie wollte sich in seine Familienangelegenheiten nicht *einmischen.*

Zij wilde zich niet in zijn familieaangelegenheden mengen.

Jetzt müsste der Schiedsrichter aber mal *(energisch) einschreiten!*

Nu zou de scheidsrechter echt eens (goed) moeten optreden!

Ich denke ernsthaft daran, einen Rechtsanwalt *einzuschalten.*

Ik denk er serieus over na een advocaat in te schakelen.

**Kümmere dich um deinen eigenen Dreck!*

Bemoei je met je eigen zaken!

Meine Sorgen sollen dich nicht *kümmern.*

Mijn zorgen gaan jou niets aan.

Um diese Kleinigkeiten werde ich mich nicht auch noch *kümmern.*

Ik ga mij niet ook nog eens om deze kleinigheden bekommeren.

Wenn man überall *mitmischen* will, muss man sehr viel Energie haben.

Als je overal een vinger in de pap wilt hebben, moet je erg veel energie hebben.

Es ist unglaublich, aber sie *steckt ihre Nase* immer *in Dinge von anderen.*

Het is ongelofelijk, maar zij bemoeit zich altijd met andermans zaken.

Er ist sehr *neugierig* und möchte alles herausfinden.

Hij is erg nieuwsgierig en wil alles weten.

19. Betalen

abgelten / ablösen / amortisieren / berappen / bestreiten / bezahlen / erstatten / Geld / Geldbeutel / geradestehen / großzügig / locker machen / löhnen / Mittel / quitt sein / Rate / Rechnung / Schein / Schuld / Tasche / Unkosten / Vergütung / zahlen

Er *golt* seine Schulden mit Arbeit *ab.*
Hij vergoedde zijn schulden met werk.

Er *löste* seinen Kredit *ab.*
Hij loste zijn schuld af.

Die neue Maschine wird sich in drei Jahren *amortisiert* haben.
De nieuwe machine zal binnen drie jaar terugverdiend zijn.

Was musstest du für dein neues Fahrrad *berappen?*
Wat moest je voor je nieuwe fiets lappen?

Der Staat muss in diesem Haushaltsjahr enorm viele Kosten *bestreiten.*
De staat moet in dit begrotingsjaar enorm veel kosten dragen.

Sie *bezahlten* die neue Wohnzimmereinrichtung *auf Raten.*
Ze betaalden de nieuwe meubelen voor de woonkamer in termijnen.

Seine Firma *erstattete* ihm alle Spesen für die Reise.
Zijn firma vergoedde alle kosten van de reis.

Komm schon, nun *rück'* das **Geld* schon *raus.*
Nou, kom op met de centen.

Hier muss man wohl ständig **den Geldbeutel ziehen*, was?
Je moet hier ook echt voor alles dokken, hè?

Wenn du etwas angestellt hast, musst du auch dafür *geradestehen.*
Als je iets uitgevreten hebt, moet je er ook voor opdraaien.

Der Sponsor *machte* für das Theaterfestival eine große Summe Geld **locker*.

De sponsor maakte voor het theaterfestival een grote som geld vrij.

Für den neuen Auspuff wirst du ganz schön **löhnen* müssen.

Voor de nieuwe uitlaat zul je een hoop moeten dokken.

Wir werden diese *Mittel* für neue Stühle *aufwenden*.

Wij zullen dit geld aan nieuwe stoelen besteden.

So, jetzt sind wir *quitt*.

Zo, nu staan we quitte.

Mit der letzten *Rate* habe ich meine Schulden endlich beglichen.

Met deze laatste termijn heb ik eindelijk mijn schulden afgelost.

Ober, die Rechnung bitte.

Ober, de rekening alstublieft.

Er **blätterte die Scheine hin*, als wäre es gar nichts.

Hij kwam met de poen over de brug alsof het niets was.

Sein Vater *kommt* bestimmt *für seine Schulden auf*.

Zijn vader zal zijn schulden zeker dragen.

Für den neuen Verstärker würde er *tief in die Tasche greifen*.

Voor de nieuwe versterker zou hij diep in zijn beurs tasten.

Da habt ihr euch aber enorm *in Unkosten gestürzt*.

Jullie hebben je echt ontzettend op onkosten gejaagd.

Ihre *Vergütung* für diesen Auftrag wird *großzügig* sein.

Haar vergoeding voor deze opdracht zal royaal zijn.

Der Wirt *zahlte* seine Bedienungen noch am selben Abend *aus*.

De waard betaalde zijn personeel nog dezelfde avond uit.

Könnten Sie *die Rechnung* bitte pünktlich *bezahlen?*

Zou u de rekening alstublieft op tijd willen betalen?

20. Boos

böse / entrüstet sein / erbosen / falsche Kehle / grantig / kränken / missgestimmt / sauer / säuerlich / unleidlich / verärgert sein / verschnupft sein / Wut / wutentbrannt / zähneknirschend / zornig

Das *nimmt* noch mal *ein böses Ende* mit dir.
Het zal nog eens slecht met je aflopen.

Er musste *als der böse Bube herhalten.*
Hij moest het als de kwaaie/slechte jongen weer ontgelden.

Mit deinem Verhalten *schaffst* du doch nur noch mehr *böses Blut.*
Met jouw gedrag zet je alleen nog meer kwaad bloed.

Sie *war entrüstet* über soviel Gewalttätigkeit.
Zij was zeer verontwaardigd over zoveel gewelddadigheden.

Die gemachten Anspielungen *erbosten* ihn sehr.
De gemaakte toespelingen maakten hem erg kwaad.

Den Witz seines Bruders hatte er *in die falsche Kehle bekommen.*
De grap van zijn broer was hem in het verkeerde keelgat geschoten.

Den ganzen Tag über war sein Großvater schon **grantig.*
De hele dag al was zijn grootvader chagrijnig.

Es hatte ihn sehr *gekränkt*, was sie über ihn gesagt hat.
Hij was erg gekwetst door hetgeen ze over hem gezegd heeft.

Den ganzen Tag über war er *missgestimmt.*
Hij was de hele dag ontstemd.

Seine Freundin reagierte ziemlich *sauer* auf seinen letzten Brief.
Zijn vriendin reageerde behoorlijk kwaad op zijn laatste brief.

Sie sagte nichts, sondern *schaute* nur *säuerlich drein*.
Ze zei niets, maar keek slechts een beetje zuur.

Sie hat schon die ganze Woche zu wenig geschlafen, jetzt ist sie furchtbar *unleidlich*.
Zij heeft al de hele week te weinig geslapen. Nu is zij verschrikkelijk chagrijnig.

Der Verteidiger *war* sehr *verärgert* über seine Auswechslung.
De verdediger was erg geïrriteerd over zijn vervanging.

Es machte sie *verschnupft*, dass er ihr nicht zuhören wollte.
Het krenkte haar dat hij niet naar haar wilde luisteren.

Er *war außer sich vor Wut*.
Hij was buiten zichzelf van woede.

Sie *kochte vor Wut*.
Ze kookte van woede.

Wutentbrannt knallte er die Tür hinter sich zu.
Woedend knalde hij de deur achter zich dicht.

Zähneknirschend nahm sie die Entscheidung der Jury an.
Tandenknarsend accepteerde zij de beslissing van de jury.

Zornig stampfte ihr Sohn mit den Füßen auf den Boden.
Woedend stampte haar zoon met zijn voeten op de grond.

21. Chaos

Auf und Ab / Chaos / durcheinander / Durcheinander / Getümmel / Hempels unterm Sofa / Hin und Her / Knöpfles / Konfusion / Kraut und Rüben / Krieg / Kuddelmuddel / Labyrinth / Lotterleben / oben und unten / Saustall / Tohuwabohu / Tumult / Unordnung / Verwicklung / Verwirrung / Zustand

Hier herrscht ja das reinste *Chaos*.
Hier heerst totale chaos.

Du *bringst* hier nur *alles durcheinander* mit deinen Aktionen.
Je gooit hier alles in de war met je acties.

Im Kinderzimmer lag alles *kunterbunt durcheinander*.
In de kinderkamer lag alles kriskras door elkaar.

Die Buchhaltung war ein großes *Durcheinander*.
De boekhouding was één grote chaos.

In diesem *Getümmel* würde er seinen Freund nie finden können.
In deze drukte zou hij zijn vriend nooit kunnen vinden.

**Hier siehts aus wie bei Hempels unterm Sofa.*
Hier heerst een ongelofelijke chaos.

Dieses ständige *Hin und Her* und *Auf und Ab*, da weiß man doch gar nicht mehr, woran man ist.
Dat voortdurende ge-heen en weer, dan weet je toch niet meer waar je aan toe bent.

**Hier siehts aus wie bei Knöpfles.*
Het is hier een ongelofelijke rotzooi.

Keiner weiß mehr, was er machen soll. *Konfusion* macht sich breit.
Niemand weet meer wat hij moet doen. De verwarring grijpt om zich heen.

Nach dem Einbruch lag alles **wie Kraut und Rüben durcheinander*.
Na de inbraak lag alles kriskras door elkaar.

Das sieht hier ja aus **wie im Krieg*.
Wat een zooitje, het lijkt hier wel oorlog.

Bei diesem **Kuddelmuddel* steigt ja niemand mehr durch.
Bij deze warboel snapt niemand er nog wat van.

Überall stehen Umzugskisten. Der Weg in die Küche ist zu einem *Labyrinth* geworden.
Overal staan verhuisdozen. De weg naar de keuken is een labyrint geworden.

Unsere Nachbarn führen ein echtes *Lotterleben*.
Onze buren leiden een heel liederlijk leven.

Man weiß ja nicht mehr, *was oben und unten ist*.
Men weet niet meer wat boven en wat beneden is.

Was ist denn das hier für ein **Saustall?* Jetzt wird hier erst mal aufgeräumt.
Wat is dit hier voor een zwijnenstal? Nu wordt er eerst eens opgeruimd.

Ach Gott, was ist den das hier für ein *Tohuwabohu?*
Oh God, wat is dit hier voor zooitje?

Beim Kartenvorverkauf kam es aufgrund des großen Andrangs zu *Tumulten*.
Bij de kaartvoorverkoop ontstond er door het gedrang tumult.

Bei so einer *Unordnung* auf meinem Schreibtisch würde ich auch nichts mehr finden.
Met zo'n rotzooi op mijn bureau zou ik ook niets meer kunnen vinden.

Pass auf, da kommen bestimmt noch mehr *Verwicklungen* zwischen Geheimdienst und Diktator ans Tageslicht.
Let op, er komen vast nog meer verwikkelingen van de geheime dienst en de dictator aan het licht.

Mit so einer Aussage *stiftet* er doch nur *Verwirrung*.
Met zo'n uitspraak sticht hij toch alleen maar verwarring.

**Das sind hier ja Zustände wie im alten Rom!*
Dat is toch een ondragelijke toestand hier!

22. Communiceren

anrufen / Auge / ausrichten / bekanntgeben / Bericht / durchgeben / Gerücht / Glocke / Hand / Kommunikation / korrespondieren / Lauffeuer / melden / mitteilen / munkeln / schreiben / schriftlich / Spatz / telefonieren / Telegramm / übermitteln / unterrichten / wissen lassen / Zeichen / zutragen

Du musst deine Tante noch *anrufen.*
Je moet je tante nog bellen.

Der Abteilungsleiter wollte jeden Angestellten *unter vier Augen sprechen.*
De afdelingschef wilde iedereen onder vier ogen spreken.

Können Sie dem Direktor bitte *ausrichten*, dass ich etwas später kommen werde?
Kunt u aan de directeur doorgeven dat ik iets later kom?

Hast du schon gehört, der Außenminister hat heute Mittag *seinen Rücktritt bekanntgegeben.*
Heb je het al gehoord, de minister van buitenlandse zaken heeft vanmiddag zijn aftreden bekendgemaakt.

Ich möchte, dass Sie mir morgen darüber *Bericht erstatten!*
Ik wil dat u mij daar morgen over inlicht!

Kannst du das an Johannes *durchgeben?*
Kun je dat aan Johannes doorgeven?

Es gibt Gerüchte, dass ein neues Theater gebaut werden soll.
Er gaan geruchten dat er een nieuwe schouwburg gebouwd zal worden.

Ich würde diesen Vorfall nicht *an die große Glocke hängen.*
Ik zou dit voorval niet aan de grote klok hangen.

Er hatte immer Informationen *aus erster Hand.*
Hij had altijd informatie uit de eerste hand.

Die *Kommunikation* zwischen den beiden verlief sehr zäh.
De communicatie tussen beiden verliep erg moeizaam.

Sie *korrespondierte* mit den wichtigsten Köpfen ihrer Zeit.
Zij voerde een briefwisseling met de belangrijkste figuren van haar tijd.

Das Gerücht hat sich innerhalb eines Tages *wie ein Lauffeuer verbreitet.*
Het gerucht verspreidde zich als een lopend vuurtje.

Dafür müssen Sie sich in Zimmer 38 *melden.*
Daarvoor moet u zich melden in kamer 38.

Hast du mir sonst noch was *mitzuteilen?*
Moet je me verder nog wat vertellen?

Man *munkelt*, dass der Abteilungsleiter nicht von selbst gekündigt hat.
Er wordt gezegd dat de afdelingschef niet zelf ontslag heeft genomen.

Schreibst du mir mal wieder?
Schrijf je me weer eens?

Der Minister wollte *sich* nur *schriftlich* zu den Vorwürfen *äußern.*
De minister wilde alleen schriftelijk op de beschuldigingen ingaan.

Die Spatzen pfeifen von den Dächern, dass er sie verlassen hat.
Iedereen weet dat hij haar heeft verlaten.

Wenn du Lust hast, können wir heute Abend noch *telefonieren.*
Als je zin hebt, kunnen we vanavond nog bellen.

Ich werde *ein Telegramm* mit meiner Ankunftszeit *schicken.*
Ik zal een telegram met mijn aankomsttijd sturen.

Bitte *übermitteln* Sie das Ihrem Chef.
Brengt u dit alstublieft over aan uw baas.

Sie wurde zu spät von dem Unglück *unterrichtet.*
Zij werd te laat over het ongeluk ingelicht.

Ich werde es dich *wissen lassen*, wenn unser Kind geboren ist.
Ik zal het je laten weten wanneer ons kind geboren is.

Gibst du uns *ein Zeichen*, wenn die Luft rein ist?
Geef je een teken als de kust veilig is?

Wer hat dir diese *Informationen zugetragen?*
Wie heeft deze informatie aan jou doorgespeeld?

23. Controleren

ansehen / Argusauge / Auge / Augenmerk / Augenschein / Augenwinkel / dreifach / Einsicht / Herz und Nieren / bis ins Kleinste / Kontrolle / von Kopf bis Fuß / mustern / nachschauen / Punkt für Punkt / Rechte / Stichprobe / Stück für Stück / Wort für Wort

Bevor wir zusagen, möchten wir uns die Sache gerne nocheinmal *von vorne bis hinten ansehen.*
Voordat wij iets toezeggen, zouden wij de zaak nog eens van voor tot achter willen bekijken.

Der Trainer folgte dem Spiel seiner Schützlinge mit *Argusaugen.*
De trainer volgde het spel van zijn pupillen met argusogen.

Es schien ihnen beinahe so, als *habe* ihr neuer Lehrer *hinten Augen im Kopf.*
Het kwam hun voor alsof hun nieuwe leraar ogen in zijn achterhoofd had.

Ich wäre Ihnen sehr verbunden, wenn Sie *Ihr Augenmerk darauf richten* könnten.
Ik zou u heel dankbaar zijn als u uw aandacht daarop zou kunnen richten.

Das wollen wir doch mal genau *unter Augenschein nehmen.*
Dat zullen we eens nauwkeurig onder de loep nemen.

Die Lehrerin *beobachtete* den Schüler *aus den Augenwinkeln heraus.*
De lerares bekeek de scholier vanuit haar ooghoeken.

An dieser Kreuzung musst du *doppelt und dreifach* aufpassen.
Op dit kruispunt moet je driedubbel opletten.

Der Staatsanwalt *nahm Einsicht in* die Unterlagen.
De officier van justitie bekeek de bewijsstukken.

In der Werkstatt haben sie das Auto *auf Herz und Nieren* geprüft.
In de garage hebben ze de auto grondig onderzocht.

Der Banküberfall wurde bis *ins Kleinste* untersucht.
De bankoverval werd tot in de details onderzocht.

Der betrunkene Fahrer *hatte* sein Auto *nicht mehr unter Kontrolle* und fuhr gegen einen Baum.
De dronken bestuurder had zijn auto niet meer onder controle en reed tegen een boom.

Alle Wehrpflichtigen werden *von Kopf bis Fuß* gemustert.
Alle dienstplichtigen worden van top tot teen geïnspecteerd.

Sie *musterte* den neuen Wagen von allen Seiten.
Zij bekeek de nieuwe auto van alle kanten.

Er *schaute (noch einmal) genau nach*, was in der Gebrauchsanweisung stand.
Hij keek (nog eens) goed na, wat er in de gebruiksaanwijzing stond.

Schau zur Sicherheit bitte nochmals *genau nach.*
Kijk het voor de zekerheid nog eens goed na.

Sie sprachen ihre Taktik noch einmal *Punkt für Punkt* durch.
Ze spraken hun tactiek nog eens punt voor punt door.

Die Kinder sind verdächtig still, ich werde mal *nach dem Rechten sehen.*

De kinderen zijn verdacht stil, ik zal eens even kijken.

Das Labor macht ständig *Stichproben.*

Het laboratorium neemt voortdurend steekproeven.

Sie hatten die verkauften Flaschen alle *Stück für Stück* gezählt.

Ze hadden de verkochte flessen stuk voor stuk geteld.

Die Übersetzer gingen die Übersetzung noch einmal *Wort für Wort* durch.

De vertalers namen de vertaling nog eens woord voor woord door.

24. Crisis

Depression / Dilemma / Fall / Höhepunkt / Krise / kriseln / Krisengebiet / Krisenherd / Not / Notfall / schwarz / Schwierigkeit / Talsohle / Tiefpunkt / Umschwung / Versorgungsengpass / Verzweiflung / Wendepunkt / Zuspitzung / Zwickmühle

Sie hatte eine so starke *Depression*, dass man befürchtete, sie könnte Selbstmord begehen.

Zij was zo depressief, dat men vreesde dat zij zelfmoord zou plegen.

Hier stehen wir vor einem *(klassischen) Dilemma!*

Hier hebben we een (echt) dilemma!

Im schlimmsten Fall können wir immer noch das Haus verkaufen.

In het ergste geval kunnen wij nog altijd het huis verkopen.

In der Nacht erreichte das Fieber seinen *Höhepunkt.*

's Nachts bereikte de koorts zijn piek.

Die gesamte Wirtschaft befindet sich in einer tiefen *Krise.*

De gehele economie bevindt zich in een crisis.

Sie wussten beide, dass es in ihrer Ehe schon lange *kriselte*.
Zij wisten allebei dat ze relatieproblemen hadden.

Viele afrikanischen Staaten zählen zu den *Krisenherden/ Krisengebieten* unserer Zeit.
Veel Afrikaanse landen horen bij de crisisgebieden van onze tijd.

Wenn *Not am Mann* ist, kann ich mich auf meine Freundinnen verlassen.
Als de nood aan de man is, kan ik op mijn vriendinnen rekenen.

Bei einem *Notfall* ist es wichtig, die Nerven zu behalten.
In een noodsituatie is het belangrijk kalm te blijven.

Du hast heute aber wirklich *einen schwarzen Tag erwischt!*
Je hebt vandaag echt je dag niet!

Seine Trinkerei hatte die ganze Familie in *Schwierigkeiten* gebracht.
Zijn drankprobleem had de hele familie in moeilijkheden gebracht.

Dieser Betrieb hat die finanzielle *Talsohle* noch nicht überwunden.
Dit bedrijf heeft het financiële dieptepunt nog niet doorstaan.

Der Umsatz hat in diesem Jahr einen *Tiefpunkt* erreicht.
De omzet heeft dit jaar een dieptepunt bereikt.

Der politische *Umschwung* hat viele Menschen verunsichert.
De politieke veranderingen hebben veel mensen onzeker gemaakt.

Seit Jahren gibt es in Russland *Versorgungsengpässe*.
Sinds jaren bestaan er in Rusland knelpunten in de verzorging.

Es hatte alles nichts genützt. Sie war *der Verzweiflung nahe*.
Niets had geholpen. Zij was de wanhoop nabij.

Die Scheidung war ein entscheidender *Wendepunkt* in ihrem Leben.
De echtscheiding was een belangrijk keerpunt in haar leven.

Der Verfall staatlicher Grenzen sorgte für eine *Zuspitzung* kultureller Gegensätze.

Het wegvallen van staatsgrenzen heeft de culturele tegenstellingen verscherpt.

Er *saß in der Zwickmühle*. Jede Entscheidung würde wenigstens einen von ihnen verletzen.

Hij zat in een moeilijke situatie. Elke beslissing zou tenminste één van hen kwetsen.

25. Deel

Abschnitt / Anteil / Atom / Ausschnitt / Bestandteil / Bruchstück / Bruchteil / Detail / Einzelheit / Element / Flügel / Fragment / Gewinnbeteiligung / Ingredienz / Komponente / Molekül / Parzelle / Passus / Sektor / Stelle / Teilgebiet / Trakt

Dieser *Abschnitt* des Buches gefällt mir am besten.

Deze passage van het boek vind ik het mooist.

Und was ist mein *Anteil* daran?

En wat is mijn aandeel hierin?

Ich habe bisher leider nur einen *Ausschnitt* von seinem neuen Buch gelesen.

Ik heb tot nu toe jammer genoeg slechts een gedeelte van zijn nieuwe boek gelezen.

Musik war ein wesentlicher *Bestandteil* ihres Lebens.

Muziek speelde een belangrijke rol in haar leven.

Von dem Flugzeug waren nach dem Absturz nur *Bruchstücke* übrig.

Van het vliegtuig waren na het neerstorten slechts brokstukken overgebleven.

Im *Bruchteil* einer Sekunde musste sie reagieren.

In een fractie van een seconde moest zij reageren.

Der Vertrag war bis ins letzte *Detail* gründlich ausgearbeitet.
Het contract was tot in de puntjes uitgewerkt.

Der Reporter wollte jede *Einzelheit* wissen.
De reporter wilde iedere bijzonderheid weten.

Bei der Komposition eines Fotos ist jedes *Element* wichtig.
Bij de compositie van een foto is ieder element van belang.

In welchem *Flügel* wohnte der König?
In welke vleugel woonde de koning?

Von ihrem Werk sind nur *Fragmente* übriggeblieben.
Van haar werk zijn slechts fragmenten overgebleven.

Sie hatte zwanzig Prozent *Gewinnbeteiligung* ausgehandelt.
Zij had een aandeel in de winst van twintig procent bereikt.

Verrätst du mir, welche *Ingredienzien* du für die Torte verwendet hast?
Wil je me verklappen welke ingrediënten je in die taart gebruikt hebt?

Hans hat gestern schon den Zwei-*Komponenten*-Kleber gekauft.
Hans heeft gisteren al tweecomponentenlijm gekocht.

Ein *Molekül* setzt sich aus *Atomen* zusammen.
Een molecule bestaat uit atomen.

Alle Kinder erbten gleichviel. Daher blieb für jeden nur eine kleine *Parzelle* Land.
Alle kinderen erfden hetzelfde deel. Daardoor bleef voor iedereen maar een klein perceel land over.

Dieser Passus/diese Stelle im Text enthält eine Menge typisch Brechtscher Ausdrücke.
In dit gedeelte van de tekst zijn veel uitdrukkingen te vinden die typisch zijn voor Brecht.

Wir vom Dienstleistungs*sektor* verlangen höhere Löhne!
Wij van de dienstverlenende sector eisen hogere lonen!

Ich kenne mich nur auf *Teilgebieten* der Physik aus.
Ik heb alleen kennis van deelgebieden van de natuurkunde.

Was ist in diesem *Trakt* des Gutshofes untergebracht?
Wat is in deze vleugel van het landhuis ondergebracht?

26. Denken

aufkommen / Betracht / denken / drehen und wenden / einfallen / sich fragen / Gedanke / gedankenverloren / Gehirn / glauben / grübeln / Hinterkopf / Kopf / meinen / Probleme wälzen / Schlüsse ziehen / Seite / Sinn / sinnieren / überdenken / überlegen / überschlafen / vergessen / vermuten / Wunsch / Zelle

Auf diese Idee wären wir alleine nie *gekommen.*
Op dit idee waren wij alleen nooit gekomen.

Der Geschäftsmann versprach, das Angebot *in Betracht* zu *ziehen.*
De zakenman beloofde over het aanbod na te denken.

Ich *dachte* mir/*vermutete* schon, dass mit dieser Sache etwas nicht stimmt.
Ik dacht al/had al zo'n vermoeden dat er bij deze zaak iets niet klopt.

Wir *denken das Gleiche* über diese Sache.
Wij denken over deze zaak hetzelfde.

Woran *denkst* du?
Waar zit je aan te denken?

Du kannst es *drehen und wenden (wie du willst)*, wir haben in diesem Fall Verluste erlitten.
Je kunt denken wat je wilt, in dit geval hebben we verlies geleden.

Ihm *war* plötzlich *eingefallen*, dass er den Geburtstag seiner Mutter vergessen hatte.

Opeens schoot het hem te binnen dat hij de verjaardag van zijn moeder vergeten was.

Im Urlaub *verschwendete sie keinen Gedanken* an ihre Arbeit.

Tijdens haar vakantie dacht zij in het geheel niet aan haar werk.

Schon abends *machte er sich Gedanken darüber*, wie der nächste Arbeitstag ablaufen würde.

's Avonds dacht hij er al over na hoe de volgende werkdag zou aflopen.

Sie war so *in Gedanken versunken*, dass sie die anderen gar nicht wahrnahm.

Zij was zo in gedachten verzonken dat zij de anderen helemaal niet zag.

Sie hatte schon eine ganze Zeit *mit dem Gedanken gespielt*, eine Weltreise zu machen.

Zij speelde al een hele tijd met de gedachte een wereldreis te maken.

Gedankenverloren irrte er durch die Straßen.

In gedachten verzonken zwierf hij door de straten.

Benütze doch mal *dein Gehirn/*deine grauen Zellen!*

Gebruik toch eens je hersenen!

Ich *glaube* nicht, dass sich die Situation für Ausländer schnell verbessern wird.

Ik denk niet, dat de situatie voor buitenlanders snel zal verbeteren.

Tag und Nacht *grübelte* er über den Sinn des Lebens.

Dag en nacht peinsde hij over de zin van het leven.

Seine merkwürdigen Reaktionen werde ich *im Hinterkopf behalten.*

Zijn merkwaardige reacties zal ik in gedachten houden.

Darüber werde ich mir jetzt nicht *den Kopf zerbrechen!*

Daarover ga ik me nu niet het hoofd breken!

Vor einer Entscheidung will sie sich die Ereignisse noch einmal *durch den Kopf gehen lassen.*

Voor zij beslist wil zij eerst nog eens over de gebeurtenissen nadenken.

Man könnte *meinen*, euch macht die Hitze nichts aus.

Je zou kunnen denken dat de hitte jullie niets uitmaakt.

Musst du denn immer nur *Probleme wälzen?* Freu' dich doch mal!

Moet jij altijd over problemen zitten piekeren? Wees ook eens een keer blij!

Nur mit diesen Informationen lassen sich keine *Schlüsse ziehen.*

Uit deze informatie alleen kunnen geen conclusies getrokken worden.

Das Problem muss von *allen Seiten betrachtet* werden.

Het probleem moet van alle kanten bekeken worden.

Ich *frage mich* wirklich, ob ich dem Versicherungsvertreter vertrauen kann.

Ik vraag me echt af of ik de verzekeringsadviseur kan vertrouwen.

Es wäre ihr nie *in den Sinn gekommen*, die Stelle aufzugeben.

Het was nooit in haar opgekomen om de baan op te zeggen.

Sie *sinnierten* über die Entwicklung des Weltalls.

Zij peinsden over de ontwikkeling van het heelal.

Die Chefin will alle Argumente noch einmal in Ruhe *überdenken.*

De bazin wil alle argumenten nog eens rustig overdenken.

Ihr werdet euch *überlegen* müssen, was ihr als Nächstes tun wollt.

Jullie zullen erover na moeten denken wat jullie hierna willen doen.

Meiner Meinung nach solltest du die Angelegenheit noch einmal *überschlafen.*

Naar mijn mening zou jij er nog eens een nachtje over moeten slapen.

Seit sie ihn das erste Mal gesehen hatte, konnte sie sein Gesicht nicht mehr *vergessen.*

Sinds zij hem voor het eerst gezien had, kon zij zijn gezicht niet uit haar gedachten zetten.

Die Wirklichkeit zeigt, dass *der Wunsch Vater des Gedankens war.*

De werkelijkheid laat zien dat de wens de vader van deze gedachte was.

27. Dicht

abschließen / aufgeschlossen sein / befahrbar / geschlossen / plombieren / Schwebe / unangebrochen / ungeöffnet / vernageln / verpacken / verschlossen / versiegeln / versperren / zuschlagen / Zutritt verwehren

Hast du die Tür auch richtig *abgeschlossen?*

Heb jij de deur ook goed dichtgedaan?

Unsere neue Chefin *ist* wirklich sehr *aufgeschlossen.*

Onze nieuwe bazin staat echt voor alles open.

Wie lange war die Straße nach dem Unwetter nicht mehr *befahrbar?*

Hoe lang was de weg na het onweer niet begaanbaar?

Wie schade, das Geschäft hat noch *geschlossen.*

Wat jammer, de winkel is nog gesloten.

Werden die Laderäume immer *plombiert*, wenn man mit dem Lkw über die Grenze fährt?

Worden de laadruimtes altijd verzegeld als je met de vrachtwagen over de grens gaat?

Der Ausgang des Gerichtsverfahrens ist noch *in der Schwebe.*
De afloop van de rechtszaak is nog onzeker.

Als ich wegging, war die Pralinenschachtel noch *unangebrochen.*
Toen ik wegging, was de doos met bonbons nog dicht.

Die Sektflasche ist *ungeöffnet.* Der Korken sitzt noch fest.
De champagnefles is dicht. De kurk zit nog vast.

Um Sturmschäden zu vermeiden wurden alle Fenster mit Brettern *vernagelt.*
Om stormschade te voorkomen werden alle ramen met planken dichtgetimmerd.

Alle Geschenke sind noch *verpackt.*
Alle cadeautjes zijn nog ingepakt.

Ihm *blieben alle Türen verschlossen.*
Alle deuren bleven voor hem gesloten.

Er hatte nicht darauf geachtet, dass der Brief *versiegelt* war.
Hij had er niet op gelet of de brief verzegeld was.

Die Streikposten *versperrten* heute morgen das Fabrikstor.
De stakingsposten hebben vanmorgen de fabriekspoort versperd.

Schlag' doch die Tür nicht so *zu!*
Knal de deur niet zo hard dicht!

Allen, die keine Eintrittskarte vorweisen konnten, wurde der *Zutritt verwehrt.*
Eenieder die geen entreekaartje kon tonen, werd niet binnengelaten.

28. Dik / Dun

aufblähen / ausmergeln / beleibt / Bohnenstange / Diät / dick / dünnflüssig / klapperdürr / mollig / prall / schwellen / stark / stattlich / Übergewicht / voll / wässrig / Wespentaille / zart / zerbrechlich

Von Lauch *bläht* es mir den Bauch immer so *auf*.
Van prei krijg ik zo'n opgeblazen gevoel.

Dieser Rotwein hat einen *dicken* Geschmack.
Deze rode wijn smaakt vlezig.

Ihr Baby war ziemlich *mollig*.
Haar baby was behoorlijk mollig.

Nach diesem erfolgreichen Geschäftstag war die Kasse **prall gefüllt*.
Na deze succesvolle dag was de kassa goed gevuld.

Ihre Augenlieder waren gerötet und *geschwollen*.
Haar oogleden waren rood en dik.

Mit den Jahren war ihr Ehemann *stark/beleibt/dick* geworden.
In de loop der jaren was haar echtgenoot dik geworden.

Der Politiker hatte einen *stattlichen* Körperbau.
De politicus had een imposant figuur.

Peter *schleppt* aber einiges an *Übergewicht mit sich herum!*
Peter sleept aardig wat overgewicht met zich mee!

Die Schauspielerin hatte wunderschönes, *volles* Haar.
De actrice had prachtig vol haar.

Der Revolutionär war nach seinem Hungerstreik völlig *ausgemergelt*.
De revolutionair was na zijn hongerstaking vel over been.

Die lange **Bohnenstange* dort vorne ist mein Bruder.
Die bonenstaak daar is mijn broer.

Was ist denn das für *dünnflüssiges* Zeug?
Wat is dat nou voor dunne vloeistof?

Der Händler versuchte das **klapperdürre* Pferd auf dem Markt zu verkaufen.
De handelaar probeerde het broodmagere paard op de markt te verkopen.

Diese Farbe ist zu *wässrig*, damit kann man nicht streichen.
Deze verf is te dun, daarmee kun je niet verven.

Da sie eine *Wespentaille* haben wollte, *war sie auf Diät*.
Omdat zij een wespentaille wilde hebben, was zij aan het lijnen.

Der Junge *ist* wirklich *zart für sein Alter*, findest du nicht auch?
De jongen is een beetje tenger voor zijn leeftijd, vind je ook niet?

Die Tänzerin wirkte sehr *zerbrechlich*.
De danseres maakte een fragiele indruk.

29. Doen

Aktion / angehen / anpacken / Arbeit / Ärmel / bewältigen / durchführen / erledigen / fertig bekommen / Finger / handeln / Hebel in Bewegung / machen / Maßarbeit / meistern / auf sich nehmen / Tat / tätig sein / treiben / tun / übernehmen / unverrichteter Dinge / verwirklichen

Und wenn das alles nicht mehr hilft, dann *treten* wir *in Aktion*.
En als dat allemaal niet meer helpt, dan komen wij in actie.

Wie willst du *das Problem angehen?*
Hoe wil je dat probleem aanpakken?

Wir werden alle *anpacken*, um den Brandschaden zu beheben.
Wij zullen allemaal de handen uit de mouwen steken om de schade van de brand te herstellen.

Da haben Sie ja wirklich *ganze Arbeit geleistet.*
Dat heeft u aardig voor elkaar.

Alle *krempelten die Ärmel hoch*, so dass nach der Party schnell wieder aufgeräumt war.
Iedereen stak de handen uit de mouwen, zodat er na het feestje weer snel opgeruimd was.

Ich weiß nicht, wie ich all diesen Papierkram *bewältigen* soll.
Ik weet niet hoe ik deze papierwinkel de baas moet worden.

Die Untersuchung muss auf jeden Fall *durchgeführt werden.*
Het onderzoek moet in ieder geval uitgevoerd worden.

Ich schaffe es nicht alleine. Kannst du diesen Teil für mich *erledigen?*
Ik red het niet alleen. Kun jij dit deel voor me doen?

Obwohl sie hart arbeiteten, war es nicht sicher ob sie die Hausarbeiten *fertig bekommen* würden.
Alhoewel zij hard werkten, was het niet zeker of ze het huiswerk af zouden krijgen.

Er *macht* im Haushalt *keinen Finger krumm/er rührt im Haushalt keinen Finger.*
Hij steekt in het huishouden geen vinger uit.

Sie *handelte* im Namen ihres Chefs.
Zij handelde in naam van haar baas.

Der Politiker versprach *alle Hebel in Bewegung* zu *setzen*, um die Situation der Flüchtlinge zu verbessern.
De politicus beloofde al het mogelijke te doen om de situatie van de vluchtelingen te verbeteren.

Die Jacke ist zerrissen. Da ist *nichts mehr dran zu machen.*
Die jas is gescheurd. Daar is niets meer aan te doen.

Es wird Zeit, dass du jetzt endlich deine *Schularbeiten machst.*
Het wordt tijd dat jij je huiswerk maakt.

Könnten Sie nicht auch mal *einen Vorschlag machen?*
Kunt u niet ook eens een voorstel doen?

Was *machst du* gerade?
Wat ben jij aan het doen?

Der Schrank passte genau in die Ecke. Der Schreiner hatte echte *Maßarbeit geleistet.*
De kast paste precies in de hoek. De timmerman had maatwerk geleverd.

Ich finde, dass Sie diese Arbeit bisher sehr gut *meistern!*
Ik vind dat u dit werk tot nu toe heel goed doet!

Kannst du das nicht *auf dich nehmen?*
Kun jij dat niet voor je rekening nemen?

Ich werde die Idee sofort *in die Tat umsetzen* und ein neues Auto kaufen.
Ik zal meteen tot actie overgaan en een nieuwe auto kopen.

Nicht Worte sondern *Taten will ich sehen.*
Geen woorden maar daden wil ik zien.

Wieviele Leute *sind* zur Zeit an diesem Projekt *tätig?*
Hoeveel mensen werken momenteel aan dit project?

Was **treibst du* denn, wenn es dir nicht langweilig ist?
Wat voer jij uit als je je niet verveelt?

Am Dach muss *etwas getan werden*, sonst regnet es bald herein.
Aan het dak moet iets gedaan worden, anders gaat het gauw lekken.

Deine Meinung *tut nichts zur Sache.*
Jouw mening doet niet ter zake.

Um ihn loszuwerden, *tat sie so, als ob* sie ihn nicht verstehen könnte.
Om van hem af te zijn deed ze alsof ze hem niet kon verstaan.

Was tut man nicht alles, um seinen Freundinnen *einen Gefallen zu tun.*
Wat een mens al niet doet om zijn vriendinnen een plezier te doen.

Was kann ich *für Sie tun?*
Waarmee kan ik u van dienst zijn?

Wenn du nicht sofort mit dem Piesacken aufhörst, *bekommst du* es *mit mir zu tun.*
Als je niet meteen ophoudt met pesten krijg je met mij te maken.

Da sie im Krankenhaus liegt, müssen andere ihre Aufgaben *übernehmen.*
Omdat zij in het ziekenhuis ligt, moeten anderen haar taken overnemen.

Unverrichteter Dinge musste sie nach Hause zurückkehren.
Onverrichter zake moest ze naar huis teruggaan.

Ich will diesen Plan *verwirklichen*, koste es, was es wolle.
Ik wil dit plan koste wat het kost verwezenlijken.

30. Dood / Doodgaan

Beileid / dahingehen / draufgehen / Erde / erliegen / erlösen / Frieden / Gott / heimgehen / hopsgehen / keinen Pieps / Radieschen / Ruhe / See / sterben / tödlich / Überrest / versterben / weilen

Mein Beileid!
Gecondoleerd!

Sie ist ~*dahingegangen.*
Zij is heengegaan.

Und wieviele sind dabei **draufgegangen?*
En, hoeveel zijn er daarbij tussenuit geknepen?

Der liegt schon lange **unter der Erde.*
Die ligt allang onder de grond.

Sie ~*ruht im Schoß der Erde.*
Zij rust in de schoot der aarde.

Sie *erlag ihren Verletzungen* im Krankenhaus.
Zij overleed in het ziekenhuis aan haar verwondingen.

Sein Großvater wurde *von seinem langen Leiden erlöst.*
Zijn grootvader werd uit zijn lijden verlost.

Sie mögen *ruhen in Frieden.*
Mogen zij rusten in vrede.

Gott hab' ihn selig.
God hebbe zijn ziel.

Seine Seele *ruht in Gott.*
Zijn ziel rust bij God.

Er ist ~*heimgegangen* zu seinem Vater.
Hij is heengegaan.

Na und, dann *gehen* halt ein paar **hops.*
Nou en, dan vallen er gewoon een paar neer.

Der **macht keinen Pieps mehr.*
Die geeft geen kik meer.

Der wird sich in Zukunft **die Radieschen von unten ansehen.*
Die ligt onder de groene zoden.

Jetzt hat er *die ewige Ruhe.*
Nu heeft hij eeuwige rust.

Viele der Matrosen *blieben auf See.*
Veel van de matrozen kwamen nooit meer terug van de zee.

Ihr Mann ist gestern Nacht *gestorben.*
Haar man is gisternacht overleden.

Der Fahrradfahrer wurde bei dem Unfall *tödlich verletzt.*
De fietser raakte bij het ongeluk dodelijk gewond.

Ihre *sterblichen Überreste* wurden in ihr Heimatland gebracht.
Haar stoffelijk overschot werd naar haar vaderland overgebracht.

Seine Eltern sind beide *verstorben.*
Zijn ouders zijn allebei gestorven.

Er ~*weilt nicht mehr unter uns.*
Hij is niet meer in het land der levenden.

31. Draaien

abdrehen / aufdrehen / aufwirbeln / drehen / drehen und wenden / eindrehen / handeln / kehren / kreisen / rotieren / schrauben / Seite / sich umwenden / umschwirren / wenden / zudrehen

Das Schiff konnte gerade noch rechtzeitig *abdrehen.*
Het schip kon nog net op tijd van koers veranderen.

Sie *drehte* ihre Stereoanlage voll *auf* und ließ sich von der Musik mittragen.
Zij zette haar stereotoren hard en liet zich door de muziek meeslepen.

Siehst du wie der Wind die Blätter *aufwirbelt?*
Zie je hoe de wind de bladeren omhoog waait?

Das Buch *dreht sich* um eine Architektin, die zur Widerstandskämpferin wird.
In het boek gaat het om een architecte die verzetstrijdster wordt.

Heute nacht wird die Einbrecherbande **ein großes Ding drehen.*
Vannacht wil de inbrekersbende een kraak zetten.

Wir kommen in dieser Diskussion nicht weiter, denn wir *drehen uns im Kreis.*
Wij komen in deze discussie niet verder want we zitten vast.

Ich kann es *drehen und wenden* wie ich will, aber ich kann keine gute Lösung finden.

Hoe ik het ook wend of keer, ik kan maar geen goede oplossing vinden.

Sie hatte ihre Haare mit Lockenwicklern *eingedreht.*

Zij had haar haren met krulspelden ingedraaid.

Es handelt sich um eine politisch prekäre Angelegenheit.

Het draait om een politiek gevoelige kwestie.

Warum *kehrst* du mir denn immer *den Rücken zu?*

Waarom keer je me altijd je rug toe?

Mond und Erde *kreisen* um die Sonne.

De maan en de aarde draaien om de zon heen.

Er startete den Motor und der Propeller begann zu *rotieren.*

Hij startte de motor en de propeller begon te draaien.

Mit jedem Erfolg *schraubte* die Professorin ihre Erwartungen *höher und höher.*

Met ieder succes werden de verwachtingen van de vrouwelijke hoogleraar hoger en hoger.

Gemeinsam konnten sie den Stein *zur Seite rollen.*

Gezamenlijk konden zij de steen opzij rollen.

Sie *wendet sich um*, da sie glaubt, ihren Namen gehört zu haben.

Ze draait zich om, omdat ze denkt dat ze haar naam gehoord heeft.

Die Mücken *umschwirrten* den Kadaver.

De muggen zwermden om het kadaver.

Lass uns *wenden* und wieder zurückfahren.

Laten we omkeren en weer teruggaan.

Ich habe dir doch schon so oft gesagt, dass du den Wasserhahn gut *zudrehen* sollst!

Ik heb je toch al zo vaak gezegd dat je de kraan goed dicht moet draaien!

32. Dronken

angeheitert sein / angesäuselt sein / angetrunken / Anonyme Alkoholiker / benebeln / besaufen / besoffen sein / betrunken / blau / dicht / hinter die Binde kippen / Glas / Krone / Rausch / Schwips / sternhagelblau / trinken / trunken

Durch die Cocktails war sie *angeheitert*, darum erzählte sie die ganze Zeit Witze.

Door de cocktails was zij tipsy. Daarom maakte zij de hele tijd grapjes.

Innerhalb von ein paar Minuten war er *angesäuselt*.

Binnen enkele minuten was hij aangeschoten.

Er wurde entlassen, da er schon *angetrunken* zur Arbeit erschien.

Hij werd ontslagen omdat hij al aangeschoten op zijn werk verscheen.

Glaubst du, dass er bei den *Anonymen Alkoholikern* ist?

Denk je dat hij bij de AA zit?

Der Alkohol *benebelte seine Sinne*.

Hij was beneveld door de alcohol.

Aus Ärger über seine Freundin, wollte er sich richtig **besaufen*.

Omdat hij boos was op zijn vriendin wilde hij zich bezatten.

**Besoffen* wie sie waren, machten sie einen riesigen Lärm auf der Straße.

Bezopen als zij waren, maakten zij een hoop herrie op straat.

So **blau* war er schon lange nicht mehr gewesen.

Zo kachel was hij al lang niet meer geweest.

Schon nach dem dritten Glas war er vollkommen **dicht*.

Al na het derde glaasje was hij stomdronken.

Auf dem Fest hatte sie *zu tief ins Glas geschaut*, darum hatte sie

Kopfschmerzen.

Op het feestje had zij te diep in het glaasje gekeken. Daarom had zij hoofdpijn.

Er schwor, sich an diesem Abend mehr als nur **einen hinter die Binde zu kippen.*

Hij zwoer op deze avond er meer dan slechts één achterover te slaan.

Obwohl er **einen (Zacken) in der Krone hatte*, wollte er mit dem Auto nach Hause fahren.

Hoewel hij een stuk in zijn kraag had, wilde hij met de auto naar huis.

Er musste *seinen Rausch ausschlafen.*

Hij moest zijn roes uitslapen.

Sie hatte einen leichten *Schwips* vom Wein.

Zij had een lichte roes van de wijn.

Als er die Bar verließ war er **sternhagelblau/vollkommen betrunken.*

Toen hij de bar verliet, was hij stomdronken/straalbezopen.

Sie *trinkt* schon *seit Jahren* heimlich.

Zij is al jaren stiekem aan de drank.

In *trunkenem Zustand/trunken* war er sehr leicht erregbar.

Als hij dronken was, was hij snel geïrriteerd.

33. Duidelijk

ausdrücklich / Blatt / deutlich / Deutsch reden / glasklar / Hand / Katze / ganz klar / klar / leserlich / Name / wie Schuppen von den Augen / sonnenklar / übersehen / ungeschminkt / unklar / unmissverständlich / unumwunden / unverblümt / verständlich / Wink

Ich hatte dir *ausdrücklich* verboten, auf der Baustelle zu spielen.
Ik had je uitdrukkelijk verboden op de bouwplaats te gaan spelen.

Bei der Unterredung *nahm sie kein Blatt vor den Mund.*
Tijdens het gesprek wond zij er geen doekjes om.

Die Nachrichtensprecherin hat eine *deutliche Aussprache*.
De nieuwslezeres heeft een duidelijke uitspraak.

Ich werde ihn mir vornehmen und einmal *Deutsch mit ihm reden*.
Ik zal hem onder handen nemen en klare taal met hem spreken.

Sie gab ihm eine *glasklare* Antwort.
Zij gaf hem een glashelder antwoord.

Ihre Reaktion auf die Beschuldigungen *liegt auf der Hand.*
Haar reactie op de beschuldigingen ligt voor de hand.

Als die Spannung unerträglich geworden war, *ließ er die Katze aus dem Sack.*
Toen de spanning onverdraaglijk was geworden, legde hij zijn kaarten op tafel.

Es war ihm nicht *ganz klar*, wie sein Vater das Versteck finden konnte.
Het was hem niet helemaal duidelijk hoe zijn vader achter zijn schuilplaats kon komen.

Ihre Rede war *klar und deutlich* aufgebaut.
Haar toespraak had een heldere opbouw.
Sag' mir lieber *klipp und klar*, was du über mich denkst.
Zeg mij liever klip en klaar wat je van mij denkt.

Das ist doch **klar wie Kloßbrühe!*
Dit is toch zo duidelijk als wat/zo klaar als een klontje!

Die Schüler müssen lernen gut *leserlich* zu schreiben.
De scholieren moeten leren leesbaar te schrijven.

Sie ist die einzige, die *die Dinge beim Namen nennt.*
Zij is de enige die de dingen bij hun naam noemt.

Plötzlich **fiel es mir wie Schuppen von den Augen.*
Opeens werd het me duidelijk hoe het zat.

Für sie war die Sache *sonnenklar*. Er hatte sie betrogen.
Voor haar was de zaak zonneklaar. Hij had haar bedrogen.

Sie war verändert, das *war nicht zu übersehen.*
Zij was veranderd. Dat was overduidelijk.

Sie sagte ihm *ungeschminkt die Wahrheit.*
Zij zei hem onomwonden de waarheid.

Er *ließ sie im Unklaren darüber*, ob er die Beziehung fortsetzen wollte.
Hij liet haar in het ongewisse of hij met de relatie zou willen doorgaan.

Habe ich mich *unmissverständlich* ausgedrückt?
Heb ik me duidelijk uitgedrukt?

Sie gab *unumwunden* ihre Schuld zu.
Zij gaf haar schuld onomwonden toe.

Kinder sagen oft *unverblümt* die Wahrheit.
Kinderen zeggen vaak de waarheid zonder eromheen te draaien.

Schulbücher sollten in *verständlicher* Sprache geschrieben sein.
Leerboeken zouden in duidelijke taal geschreven moeten zijn.

Diese Bemerkung war *ein Wink mit dem Zaunpfahl.*
Deze opmerking was een duidelijke hint.

34. Duur

anziehen / bezahlen / billig / Boden / Etat / Geld / Geldbeutel / gpfeffert / gesalzen / hoch / Höchstpreis / Höhe / horrend / von den Lebendigen nehmen / leisten / Preis / Schandpreis / schnellen / teuer / teuer kommen / Wucher /

Der Finanzminister *zog die Steuerschraube an.*
De minister van financiën verhoogde de belastingdruk.

Wer soll denn das noch bezahlen?
Wie kan dat nog betalen?

Dein neues Auto war sicher *nicht* gerade *billig*, was?
Jouw nieuwe auto was zeker niet echt goedkoop?

Die Nebenkosten für das Haus erwiesen sich als *ein Fass ohne Boden.*
De extra kosten voor het huis bleken in een bodemloze put gegooid.

In ihrem letzten Urlaub *lebten* sie weit *über ihren Etat.*
Op hun laatste vakantie leefden zij boven hun stand.

Die vielen Strafzettel *gehen* so langsam aber ganz schön *ins Geld.*
De vele bekeuringen lopen zo langzamerhand aardig in de papieren.

Die Reparatur der Heizung *riss* ihnen **ein (böses) Loch in den Geldbeutel.*
De reparatie van de verwarming was een aanslag op hun portemonnee.

Das Essen ist gut, aber die Preise sind **gepfeffert.*
Het eten is goed maar de prijzen zijn gepeperd.

Dieser Preis schien ihnen doch ein wenig zu *gesalzen.*
Deze prijs leek hun een beetje te gepeperd.

Die Preise am Strand sind *unverschämt hoch.*
De prijzen op het strand zijn beschamend hoog.

Die Bilder wurden *zu Höchstpreisen* versteigert.
De schilderijen werden voor maximumprijzen geveild.

Die Preise für Brot *kletterten* immer weiter *in die Höhe.*
De prijzen voor brood stegen steeds verder.

Die Schwarzhändler verlangten *horrende* Preise.
De zwarthandelaren vroegen buitensporig hoge prijzen.

Die *nehmen*'s aber auch **von den Lebendigen.*
Die zetten mensen ook flink af.

Solch ein großes Haus *können wir uns* einfach *nicht leisten.*
Zo'n groot huis kunnen wij eenvoudigweg niet betalen.

Unter dem Preis mache ich's nicht.
Voor minder dan deze prijs doe ik het niet.

Nach dem Krieg musste man einen **Schandpreis* für ein Stückchen Wurst bezahlen.
Na de oorlog moest je voor een stukje worst schandalig hoge prijzen betalen.

Die Inflation *schnellte* in hohem Tempo *nach oben.*
De inflatie schoot in een hoog tempo omhoog.

Der Familienausflug in den Freizeitpark war *ein teurer Spaß.*
Het familie-uitstapje naar het pretpark was een dure grap.

Die Tasche *kommt teuer.*
De tas valt duur uit.

Diese Stadt ist *ein teueres Pflaster.*
Het leven in deze stad is prijzig.

Das ist doch *Wucher!*
Dit is toch een woekerprijs!

35. Echt

ähnlich / authentisch / bezeichnend / echt / ehrlich / gerechterweise / gut / massiv / Original / recht / rechtmäßig / rein / richtig / typisch / unverfälscht / völlig / wahr / waschecht / wirklich

Peter hat die neue Stelle abgelehnt. *Das sieht ihm ähnlich.*
Peter heeft de nieuwe baan geweigerd. Dat is typisch iets voor hem.

Halten Sie die Aussage des Zeugen für *authentisch?*
Denkt u dat de getuigenverklaring juist is?

Diese Unordnung ist *bezeichnend* für die Art und Weise, wie diese Firma geführt wird.
Deze wanorde is kenmerkend voor de manier waarop deze firma geleid wordt.

Diese Möbel sind *echt/massiv* Eiche.
Deze meubelen zijn van massief eikenhout.

Was ich sage, ist **echt/wirklich* wahr.
Wat ik zeg is echt waar.

Wir haben eine Garantie dafür, dass die Teppiche *echt/Originale* sind.
Wij hebben de garantie gekregen dat de tapijten echt zijn.

Er hatte keinerlei Ambitionen. Er wollte nur *ehrlich sein Brot verdienen.*
Hij had geen ambities. Hij wilde slechts eerlijk zijn brood verdienen.

Gerechterweise musst du zugeben, dass ich das Spiel gewonnen habe.
Je moet eerlijk toegeven dat ik het spel gewonnen heb.

Ich glaube, seit dem Unfall bist du nicht mehr *recht/gut* bei Verstand.

Ik geloof dat jij sinds het ongeluk niet helemaal lekker meer bent.

Die Papiere beweisen, dass sie die *rechtmäßige* Erbin ist.

De papieren tonen aan dat zij de wettige erfgename is.

Hat er dir auch erzählt, dass seine Taschenuhr aus *reinem Gold* ist?

Heeft hij jou ook verteld dat zijn horloge van puur goud is?

Dieser Tag an der frischen Luft hat *richtig* gut getan.

Deze dag in de buitenlucht heeft werkelijk goed gedaan.

Alles ist in grellen Farben bemalt. Das ist *typisch/echt* Sabrina.

Alles is in felle kleuren geverfd. Dat is typisch Sabrina.

Hier können Sie noch die *unverfälschte Natur* erleben!

Hier kunt u nog van de ongerepte natuur genieten!

Sein Verhalten ist mir *völlig* unverständlich.

Ik kan zijn gedrag absoluut niet begrijpen.

Durch ihre Ruhe bewies sie *wahre* Überlegenheit.

Met haar kalmte liet zij echte superioriteit zien.

Es ist anzunehmen, dass was sie sagt, *wahr* ist.

Het is aannemelijk dat wat zij zegt de waarheid is.

Sie liebt ihre Heimatstadt, denn sie ist eine *waschechte* Berlinerin.

Zij houdt van haar geboortestad, want zij is een rasechte Berlijnse.

Ich kann Ihnen den Kauf einer neuen Stereoanlage *wirklich* anraten.

Ik kan u de aankoop van een nieuwe stereo-installatie werkelijk aanbevelen.

36. Eenzaam / Alleen

Aas / Abwesenheit / allein / Eremit / Einsiedler-Dasein / Mensch / meiden / niemand / sich selbst / sich trennen / Stich / verlassen / Welt / zurückziehen

**Kein Aas* wollte mehr etwas von ihm wissen.
Geen hond wilde nog iets van hem weten.

Der Angeklagte *glänzte* im Gerichtssaal *durch Abwesenheit.*
De verdachte schitterde in de rechtszaal door afwezigheid.

Bei dem Motorschaden mitten auf der Landstraße *stand* er *(ganz) alleine da.*
Door de motorpech midden op de landweg, stond hij er (helemaal) alleen voor.

Die Bürgerinitiative stand mit ihrer Meinung *allein auf weiter Flur.*
De actiegroep stond geheel alleen in haar mening.

Nach dem Tod seiner Mutter hatte er *einzig und allein* noch sich selbst.
Na de dood van zijn moeder had hij enkel en alleen nog zichzelf.

Ihr Bruder führte das Leben eines *Eremiten.*
Haar broer leidde het leven van een kluizenaar.

Sie liebte das *Einsiedler-Dasein.*
Zij hield van het huismussenbestaan.

Nach Geschäftsschluss ist hier *kein Mensch mehr auf der Straße.*
Na sluitingstijd is er hier geen kip meer op straat.

Alle *mieden* sie seine Gegenwart.
Ze gingen hem allemaal uit de weg.

Er konnte mit *niemandem* über seine Probleme reden.
Hij kon met niemand over zijn problemen praten.

Sie wollte jetzt nur noch *allein mit sich selbst* sein.
Zij wou op dat moment alleen nog maar alleen zijn.

Wenn sie ins Ausland geht, wird sie *(ganz) auf sich selbst angewiesen sein.*
Als zij naar het buitenland gaat, zal zij (helemaal) op zichzelf aangewezen zijn.

Ihre Eltern *trennten sich* nach zwanzigjähriger Ehe.
Haar ouders gingen na twintig jaar huwelijk scheiden.

Er fühlte sich von seinen Freunden *im Stich gelassen.*
Hij voelde zich door zijn vrienden in de steek gelaten.

Einsam und verlassen saß er nach dem Streit im Garten.
Eenzaam en alleen zat hij na de ruzie in de tuin.

Ganz *verlassen* stand das Pferd in der Koppel.
Helemaal alleen stond het paard in de wei.

Sie *fühlte* sich *von Gott und der Welt verlassen.*
Zij voelde zich door God en de wereld verlaten.

Jetzt *hatte* er *niemanden mehr auf dieser Welt*, dem er noch vertrauen konnte.
Nu had hij niemand meer op deze wereld die hij nog vertrouwen kon.

Nichts auf der Welt konnte ihn von seinem Vorhaben abbringen.
Niets ter wereld kon hem van zijn voornemen afbrengen.

Der Bewohner des Hauses gegenüber wohnte gänzlich *zurückgezogen.*
De overbuurman woonde erg teruggetrokken.

37. Eind

> abbrechen / Ausgang / Ausläufer / Bruch / Ecken und Enden / Ende / Endstation / geschlossen / letzte / Nachhut / Nachwort / Schluss / Schlusspunkt / Schlusswort / Torschluss / Vollendung

Wenn die Arbeitgeber nicht auf unsere Vorschläge eingehen, werden wir die *Verhandlungen abbrechen.*
Als de werkgevers niet op onze voorstellen ingaan, zullen we de onderhandelingen beëindigen.

Der *Ausgang* der Unterhandlungen ist noch offen.
Hoe de onderhandelingen zullen aflopen is nog open.

Die *Ausläufer* des Tiefs erreichen morgen unser Land.
De uitlopers van het lagedrukgebied zullen morgen ons land bereiken.

Wenn der so weitermacht, *kommt* es noch *zum (endgültigen) Bruch* in ihrer Beziehung.
Als hij zo doorgaat, dan loopt hun relatie nog eens (echt) stuk.

Ihre Arbeitskraft fehlte *an allen Ecken und Enden.*
Haar werkkracht faalde aan alle kanten.

Bis ans Ende seiner Tage wohnte er in dem kleinen Haus.
Tot aan het eind van zijn leven woonde hij in het kleine huisje.

Das Ende ist noch nicht absehbar.
Het einde is nog niet in zicht.

Der Tag *neigt sich seinem Ende zu/geht zu Ende.*
De dag loopt ten einde.

Die Freude auf dem Fest nahm durch einen unangenehmen Zwischenfall *ein jähes Ende.*
Aan de vreugde op het feest kwam plotseling een einde door een vervelend incident.

Die Theatervorstellung *ist* schon *zu Ende*.
Het toneelstuk is al afgelopen.

Die Arbeit scheint heute *kein Ende zu nehmen*.
Aan het werk schijnt vandaag geen einde te komen.

Ende Juli/August gehen wir in Urlaub.
Eind juli/augustus gaan wij met vakantie.

Ende gut, alles gut!
Eind goed al goed!

Er *packt die Probleme am falschen Ende an*. Das könnte er viel einfacher lösen.
Hij pakte de problemen verkeerd aan. Dat zou hij veel makkelijker kunnen oplossen.

Er *war mit seinen Kräften am Ende*.
Hij was aan het eind van zijn Latijn.

Ich habe das Buch *von Anfang bis Ende* in einer Nacht gelesen.
Ik heb het boek van het begin tot het einde in één nacht gelezen.

Lieber ein Ende mit Schrecken als ein Schrecken ohne Ende.
Beter een dramatisch einde dan een drama zonder einde.

Sie *setzte ihrem Leben ein Ende*, da sie keinen Ausweg mehr wusste.
Zij maakte een einde aan haar leven omdat zij geen uitweg meer zag.

Wir wohnen hier wirklich *am Ende der Welt*.
Wij wonen hier werkelijk aan het einde van de wereld.

Sie musste im Bus bis zur *Endstation* mitfahren.
Zij moest met bus tot het eindpunt.

Seit wann ist der Betrieb *geschlossen?*
Sinds wanneer is het bedrijf gesloten?

Den *letzten Teil* des Buches fand ich leider nicht sehr gelungen.
Het einde van het boek vond ik helaas niet erg geslaagd.

Die *Nachhut* sichert unterwegs die Truppe nach hinten ab.
De achterhoede geeft onderweg de legereenheid dekking.

Das kannst du doch im *Nachwort/Schlusswort* nachschauen?
Dit kun je toch in het nawoord opzoeken?

Jetzt ist *Schluss* mit der Diskussion!
Einde discussie!

Ich möchte jetzt endlich *einen (deutlichen) Schlusspunkt unter diese Sache setzen*.
Ik wil nu eindelijk een punt achter deze zaak zetten.

Sie schaffte es gerade noch kurz vor *Torschluss* die Hausarbeit abzugeben.
Zij slaagde er op de valreep nog in het werkstuk in te leveren.

Ob er dieses Bild jemals *zur Vollendung bringen* wird?
Zal hij dit schilderij ooit afmaken?

38. Erg / Zeer

äußerst / beachtlich / enorm / erstaunlich / furchtbar / ganz / gewaltig / heftig / höchst / kritisch / mordsmäßig / schlimm / schmerzlich / schrecklich / schwer / sehr / stark / sündhaft / überaus / übel / unaussprechlich / unbeschreiblich / unglaublich / unsäglich / weitgehend

Sie hatte einen *beachtlichen* Vorsprung auf die anderen Läuferinnen.
Zij had een grote voorsprong op de andere sprintsters.

Schau mal, wie *enorm* hoch dieser Turm ist!
Kijk eens hoe enorm hoog deze toren is!

Ich finde es schon *erstaunlich*, wie gut sie miteinander auskommen.
Ik vind het verbazingwekkend hoe goed zij met elkaar kunnen opschieten.

Letzte Nacht gab es ein *furchtbares* Gewitter.
Verleden nacht onweerde het verschrikkelijk.

Ich freue mich *ganz besonders*, Sie heute bei der Vernissage begrüßen zu dürfen.
Het is mij een groot genoegen u bij deze vernissage te mogen begroeten.

Die *gewaltigen* Regenfälle zerstörten den Staudamm.
Zware regenval verwoestte de stuwdam.

Der Soldat spürte einen *heftigen/starken* Schmerz in seiner Seite.
De soldaat voelde een hevige/helse pijn in zijn zij.

Sie war *höchst* unzufrieden mit den Leistungen ihrer Angestellten.
Zij was hoogst ontevreden over de prestaties van haar ondergeschikten.

Nach unserer Einschätzung *befindet sich* Ihre Firma *in einer* finanziell *kritischen Lage*.
Naar onze inschatting bevindt uw firma zich financieel in een kritieke situatie.

Sie hatten *mordsmäßig* viel Spaß am Strand.
Ze hadden geweldig veel plezier op het strand.

Der Schaden durch die Regenfälle könnte *schlimmer* sein.
De schade door de regen zou erger kunnen zijn.

Im schlimmsten Fall können wir immer noch unser Auto verkaufen.
In het ergste geval kunnen wij altijd nog onze auto verkopen.

Der Tod seiner Frau war für ihn ein *schmerzlicher* Verlust.
De dood van zijn vrouw was voor hem een zwaar verlies.

Sie hatte heute Nacht einen *schrecklichen* Alptraum.
Zij had vannacht een verschrikkelijke nachtmerrie.

Da sie *schwer* krank war, behandelten sie sie mit *äußerster* Vorsicht.

Omdat zij ernstig ziek was, behandelden zij haar uiterst voorzichtig.

Für mich *ist es sehr die Frage*, ob ich weiterhin mit dir Geschäfte machen werde.

Het is voor mij nog zeer de vraag of ik met jou verder zaken wil doen.

Sie war *stark* erkältet.

Ze was verschrikkelijk verkouden.

Er schenkte ihr einen *sündhaft* teuren Pelzmantel.

Hij gaf haar een vreselijk dure bontjas cadeau.

Sie war den ganzen Tag *überaus* freundlich.

Zij was de hele dag erg vriendelijk.

Das ganze ist eine *üble* Angelegenheit.

Dit is een lastige zaak.

Es ist hier so *unbeschreiblich* schön.

Het is hier zo onbeschrijflijk mooi.

Er gibt *unglaublich* viel Geld für CD's aus.

Hij geeft ongelofelijk veel geld uit aan cd's.

In diesem Krieg ist schon *unsäglich/unaussprechlich* viel Leid geschehen.

In deze oorlog heeft al onnoemelijk veel ellende plaatsgevonden.

Ich bin *weitgehend* der gleichen Ansicht wie Sie.

Ik ben het grotendeels met u eens.

39. Eten / Drinken

anstoßen / Appetit / Bauch / bedienen / Bein / Diät / sich ernähren / essen / Essen / fressen / zu Gemüte führen / hineinstopfen / hinunterschlingen / auf Kosten des Hauses / Küche / Magen / naschen / schmausen / Seele / Spatz / stoßen / tafeln / trinken / vertilgen / etwas Warmes / Wasser im Mund / Zug / zugreifen / zwischen die Zähne

Die Speisen vom kalten Büfett duften so gut, dass ich richtig *Appetit* bekommen habe.
De gerechten van het koude buffet ruiken zo goed dat ik trek heb gekregen.

Die Jungen hatten sich **den Bauch* mit Chips *vollgestopft.*
De jongens propten zich vol met chips.

Er **schlug sich den Bauch* mit feinen Speisen *voll.*
Hij at zich ongans aan de fijne spijzen.

Da er Magenbeschwerden hatte, musste er sich an eine *Diät aus Schonkost* halten.
Omdat hij last van zijn maag had, moest hij een dieet volgen.

Um gute Leistungen zu erbringen, muss man *sich* gut *ernähren.*
Om goede prestaties te leveren moet je goed eten.

Günter konnte **essen wie ein Scheunendresche*r.
Günter kon schranzen als een wolf.

Ihr seid alle eingeladen; für *Essen und Getränke* ist gesorgt.
Jullie zijn allemaal uitgenodigd; voor eten en drank is gezorgd.

Sie *fielen über das Essen her*, als ob sie tagelang nichts mehr **zwischen die Zähne bekommen* hätten.
Zij vielen op het eten aan alsof zij dagenlang niets meer hadden gehad.

Meine Oma sagte immer: Ihr werdet mir noch **die Haare vom Kopf fressen!*
Mijn oma zei altijd: jullie eten me de oren van het hoofd!

Er hatte zuviel **in sich hineingestopft* und sich damit *den Magen verdorben.*

Hij had zoveel gegeten dat hij er misselijk van werd.

Du darfst das Essen nicht so *hinunterschlingen*, du musst kauen!

Prop je eten niet zo naar binnen, je moet kauwen!

Sie *genossen* die *reiche Küche* Italiens.

Zij genoten van de rijke Italiaanse keuken.

Du hast gar nicht alles aufgegessen, deine *Augen sind größer als der Magen.*

Jij hebt niet alles opgegeten. Je ogen zijn groter dan je maag.

Mir knurrt schon eine ganze Weile *der Magen.* Ich könnte ein ganzes Pferd **futtern.*

Ik rammel van de honger. Ik zou een heel paard kunnen verslinden.

Seit dem Frühstück hatte sie nichts mehr gegessen. Jetzt **hing ihr der Magen in den Kniekehlen.*

Zij had sinds het ontbijt niets meer gegeten. Nu verging zij van de honger.

Jeden Abend *naschte* sie noch etwas Schokolade.

Iedere avond snoepte zij nog wat chocola.

Wir haben den ganzen Abend *geschmaust.*

Wij hebben de hele avond zitten smullen.

Da sie schlank bleiben wollte, *aß sie wie ein Spatz.*

Omdat zij slank wilde blijven, at zij maar heel weinig.

Die Staatsgäste *tafelten* im Spiegelsaal.

De staatsgasten zaten in de spiegelzaal aan tafel.

Die Kinder **vertilgten* die Kekse bis auf den letzten Krümel.

De kinderen maakten de koekjes tot op de laatste kruimel soldaat.

Einmal am Tag sollte man *etwas Warmes essen.*

Eén keer per dag zou men iets warms moeten eten.

Was kochst du? Mir *läuft* jetzt schon *das Wasser im Mund zusammen*.
Wat maak je? Ik begin nu al te watertanden.

Greift zu! Jeder darf *sich* heute *selbst bedienen*.
Tast maar toe! Iedereen mag zichzelf vandaag helpen.

Lasst uns *anstoßen/trinken* auf das erfolgreiche Geschäftsjahr.
Laten wij proosten op het succesvolle boekjaar.

Er trank noch einen zweiten Schnaps, denn **auf einem Bein kann man nicht stehen!*
Hij nam nog een tweede borrel, want op één been kun je niet lopen!

Nach diesem Tag werde ich *mir* einen Cognac *zu Gemüte führen*.
Na deze dag zal ik een cognacje drinken.

Die Getränke gehen *auf Kosten des Hauses*.
De drankjes zijn van het huis.

Bei den Mengen, die er trinkt, muss er schon **eine* sehr *durstige Seele* sein.
Met de hoeveelheden die hij drinkt, moet hij wel erg veel dorst hebben.

Zur Feier des Tages stoßen wir an auf das Wohl des Geburtstagskindes.
Ter ere van deze dag klinken wij op de jarige.

Er *leerte das Glas in einem Zug bis auf den letzten Tropfen*.
Hij dronk het glas in één teug tot op de laatste druppel leeg.

40. Fatsoen / Fatsoenlijk

Anstand / Benehmen / ehrlich / fair / Form / gehören / Integrität / Kinderstube / Manieren / Ordnung / rechtschaffen / respektabel / unbestechlich / vertrauenswürdig / vorbildlich / vornehm / Weste

Als Richter vertritt er *Sitte und Anstand.*
Als rechter vertegenwoordigt hij goede zeden en fatsoen.

Wenn Sie genügend *Anstand im Leib hätten*, wären Sie schon längst zurückgetreten.
Als u genoeg fatsoen had gehad dan was u allang teruggetreden.

Der Untersuchungshäftling legte ein *gutes Benehmen* an den Tag.
De verdachte in voorarrest gedroeg zich goed.

Das Hausmädchen war eine *ehrliche Haut.*
Het dienstmeisje was goudeerlijk.

Die Heimmannschaft erwies sich als *fairer* Verlierer.
De thuisploeg bleek goed tegen haar verlies te kunnen.

~*Der guten Form halber* sei auch das noch erwähnt.
Voor de goede orde zij ook dat nog vermeld.

Er weiß, was sich in diesen Kreisen *gehört.*
Hij weet hoe men zich in deze kringen hoort te gedragen.

Sie strahlt eine große *Integrität* aus.
Zij straalt een enorme integriteit uit.

Ihre Kinder hatten eine ~*gute Kinderstube* genossen.
Haar kinderen hadden een goede opvoeding genoten.

Dem werden wir schon noch *Manieren* beibringen.
We zullen hem nog wel manieren bijbrengen.

Ihr neuer Deutschlehrer war **(schwer) in Ordnung.*
Hun nieuwe leraar Duits was (dik) in orde.

Er ist ein *rechtschaffener Bürger* dieser Stadt.
Hij is een rechtschapen burger van deze stad.

Kopf hoch, Jungs. Für unser Team war das noch ein *respektables* Ergebnis.

Kop op, jongens. Voor ons team was het nog een aanvaardbaar resultaat.

Da können wir nur hoffen, dass wenigstens die neuen Richter *unbestechlich* sind.

Dan kunnen wij alleen maar hopen dat tenminste de nieuwe rechters niet omkoopbaar zijn.

Sie war eine *vertrauenswürdige Mitarbeiterin.*

Zij was een medewerkster waar je op kon vertrouwen.

Sie war eine *vorbildliche* Klassensprecherin.

Zij was een voorbeeldig klassenvertegenwoordigster.

Das ist aber nicht gerade die vornehme Art!

Dat is nou niet bepaald zoals het hoort!

Es gibt heutzutage nicht mehr viele Politiker mit einer *weißen Weste.*

Er bestaan vandaag de dag niet veel witteboordenpolitici meer.

41. Fout

Bock / Bockmist / böswillig / doppelzüngig / Dummheit / falsch / Fehler / fehlerhaft / Fettnäpfchen / heimtückisch / hinterhältig / hinterlistig / Murks / Nessel / niederträchtig / Patzer / Pferd / Schnitzer / Scharte / Scheiße bauen / Schönes / Tatsache / unlogisch / verkehrt

Bei dieser Klassenarbeit hast du aber **einen (großen) Bock geschossen.*

Bij dit proefwerk heb je een (enorme) flater geslagen.

Sie macht auch jedesmal an derselben Stelle **Bockmist.*

Zij maakt ook altijd in dezelfde passage een blunder.

Er redet oft *doppelzüngig*, ich würde ihm nicht vertrauen.

Hij zegt dan weer dit, dan weer dat; ik zou hem niet vertrouwen.

Mit sechzehn hatte er zum ersten Mal *eine Dummheit begangen*, für die er von der Polizei gefasst wurde.

Op zijn zestiende had hij voor de eerste keer een stommiteit begaan, waarvoor hij door de politie opgepakt werd.

Was ich auch mache, alles ist *falsch*.

Wat ik ook doe, alles is verkeerd.

Bei der Aufstellung der Vorratsliste ist ihm dieses Mal aber *ein dicker Fehler* unterlaufen.

Bij het samenstellen van de voorraadlijst maakte hij een kapitale fout.

Die *fehlerhaften* Geräte mit den Seriennummern 789 bis 890 wurden vom Hersteller zurückgerufen.

De gebrekkige apparaten met de serienummers 789 tot 890 werden door de fabrikant teruggenomen.

Mit seiner neugierigen Frage *trat* er mal wieder voll *ins Fettnäpfchen*.

Zijn nieuwsgierige vraag was weer eens een grote blunder.

Du bist so *heimtückisch*, *niederträchtig*, *hinterlistig*, *böswillig*, *hinterhältig* und weiß ich, was alles, dass ich dich nie mehr sehen will.

Jij bent zo geniepig, afschuwelijk, kwaadaardig, boosaardig, achterbaks en weet ik wat allemaal, dat ik je nooit meer wil zien.

Jetzt konzentriere dich endlich und *mach* nicht ständig nur irgendeinen **Murks*.

Concentreer je nu eindelijk eens en maak er geen prutswerk van.

Mit seiner Unterstellung *hat er sich* aber ganz schön *in die Nesseln gesetzt*.

Met deze insinuatie heeft hij zich in een netelige situatie gewerkt.

Dass du den Termin vergessen hast, war ein böser *Patzer*. So was darf dir nie wieder passieren.

Dat jij de afspraak bent vergeten, was een grote blunder. Zoiets mag nooit meer gebeuren.

Auf diese Art und Weise *zäumst* du doch *das Pferd am Schwanz auf*.

Op deze manier span je het paard achter de wagen.

Nein, so nicht, damit würden wir *das Pferd vor den falschen Karren spannen.*

Nee, zo niet, dat gaat helemaal verkeerd.

Dem Leher entging beim Korrigieren der Klausuren *ein dicker Schnitzer*.

Bij de correctie van de tentamens ontging de leraar een grote fout.

Mit dem Siegestreffer hatte er *die Scharte* aus der ersten Halbzeit wieder *ausgewetzt.*

Met het winnende doelpunt had hij de fout uit de eerste helft weer hersteld.

***Scheiße bauen*, das kannst du, aber was richtiges arbeiten, dazu fehlt dir doch alles!

Knoeien, dat kun je, maar goed werken, daarvoor ontbreekt het je aan alles!

Ihr habt dieses wichtige Treffen einfach so abgesagt? *Da habt ihr euch ja was Schönes geleistet.*

Jullie hebben deze belangrijke afspraak zomaar afgezegd? Dat hebben jullie dan mooi voor elkaar.

Was du da sagst, *stimmt mit den Tatsachen (einfach) nicht überein.*

Wat jij daar zegt, klopt (simpelweg) niet met de feiten.

Diese Behauptung ist *unlogisch.*

Deze bewering is onlogisch.

Was du da machst, ist völlig *verkehrt.*

Wat jij doet is compleet verkeerd.

42. Gaan

aufbrechen / ausgehen / beeilen / Beine / betreten / Bewegung / bummeln / durchbrennen / einschlagen / fliehen / gehen / hau ab / hüpfen / laufen / packen / rennen / schlendern / schnappen / Socke / spazieren gehen / Staub / trödeln / sich verkrümeln / verlassen / verschwinden / wandern / weg / weglaufen / wegschleichen / Zelt / sich zurückziehen

Wenn wir den Zug noch erreichen wollen, dann müssen wir jetzt *aufbrechen.*
Als wij de trein nog willen halen dan moeten we nu gaan.

Er lud sie ein, einen Abend mit ihm *auszugehen.*
Hij nodigde haar uit een avond samen uit te gaan.

Mein Bus fährt in fünf Minuten, ich muss mich *beeilen.*
Mijn bus gaat over vijf minuten, ik moet opschieten.

Als sie den Polizisten sahen, **nahmen sie die Beine in die Hand* und *flohen.*
Toen zij de politieagent zagen, namen zij de benen.

Sie dürfen dieses Grundstück zur Zeit aus Sicherheitsgründen nicht *betreten.*
U mag dit terrein momenteel uit veiligheidsoverwegingen niet betreden.

Wenn du rechtzeitig zur Arbeit kommen willst, musst du *dich* endlich mal *in Bewegung setzen.*
Als je op tijd op je werk wilt zijn dan moet je nu maar eens in beweging komen.

Sie ging nur ein wenig *bummeln* in der Stadt.
Zij is een beetje gaan winkelen in de stad.

Morgen nacht will er mit seiner Freundin **durchbrennen.*
Morgennacht wil hij met zijn vriendin ervandoor gaan.

Ich bitte Sie, *lassen* Sie sich die Angelegenheit noch einmal *durch den Kopf gehen.*

Zou u alstublieft nog een keer over deze aangelegenheid willen nadenken?

Ist das Postamt weit weg oder kann ich *zu Fuß gehen?*

Is het postkantoor ver weg of kan ik lopen?

Hau ab/*Verschwinde* und lass' mich in Ruhe!

Verdwijn uit m'n ogen en laat me met rust!

Die Mädchen *hüpften* fröhlich über den Gehsteig.

De meisjes huppelden vrolijk over de stoep.

Ich kann nicht mehr *laufen*, weil mir die Füße weh tun.

Ik kan niet meer lopen omdat mijn voeten pijn doen.

In aller Heimlichkeit hatte er *seine Koffer gepackt* und war *abgehauen.*

Hij had stiekem zijn biezen gepakt en was verdwenen.

Nachdem sie den Überfaller einen Schlag versetzt hatte, *rannte sie um ihr Leben.*

Nadat zij de overvaller een klap had gegeven rende zij voor haar leven.

Es macht Spaß, einfach so durch die Innenstadt *schlendern* zu können.

Het is leuk zomaar door de binnenstad te kunnen slenteren.

Ich muss ein wenig *frische Luft schnappen*, hat jemand Lust mit mir *spazieren zu gehen?*

Ik moet even een frisse neus halen, heeft iemand zin met mij even de benen te strekken?

Es ist schon spät. Ich werde *mich* jetzt mal wieder **auf die Socken machen.*

Het is al laat. Ik moet maar weer eens gaan.

Es war klar, dass er *sich aus dem Staub machen* würde, wenn die Situation brenzlig würde.

Het was duidelijk dat hij de benen zou nemen wanneer de situatie gevaarlijk/hachelijk werd.

Was *trödelst* du denn so lange? Komm jetzt endlich. Bin *schon unterwegs!*

Wat treuzel jij zeg? Schiet nou op. Ik ben er al!

Bevor die Polizei kam, hatten *sich* die Bandenmitglieder längst **verkrümelt*.

Nog voor de politie er was, waren de bendeleden al verdwenen.

Ihre Mutter war traurig, dass sie schon so jung *das Elternhaus verlassen* wollte.

Haar moeder was bedroefd dat zij al op zo jonge leeftijd uit huis wou gaan.

Im Urlaub wollten sie in den Bergen *wandern.*

In de vakantie wilden zij gaan wandelen in de bergen.

Du musst dich bald entscheiden, welchen *Weg* du in deinem zukünftigen Leben *einschlagen* willst.

Je moet gauw een beslissing nemen wat je verder met je leven wilt.

Wie schade, *musst du* wirklich schon wieder *weg/gehen?*

Wat jammer, moet je echt alweer gaan?

Das kleine Mädchen wollte aus dem Kinderheim *weglaufen.*

Het kleine meisje wilde uit het kindertehuis weglopen.

Niemand hatte bemerkt, dass sie sich jede Nacht *weggeschlichen* hatte.

Niemand had opgemerkt dat zij iedere nacht weggeslopen was.

Hat dir Karin schon gesagt, dass Sie *ihre Zelte* hier *abbrechen* will und nach Karlsuhe zieht?

Heeft Karin je al verteld dat ze hier weg wil en naar Karlsruhe verhuist?

Ich hoffe, die Gäste haben nichts dagegen, wenn ich *mich* jetzt ein wenig *zurückziehe?*

Ik hoop dat de gasten het niet erg vinden als ik me even terugtrek?

43. Gebeuren

sich abspielen / eintreten / ereignen / Ereignis / erfolgen / erledigen / Frage / geschehen / Geschehnis / hereinbrechen / hinunterfließen / Leiche / passieren / stattfinden / Tüte / vorgehen / vorkommen / widerfahren / zustoßen / zutragen

Ich möchte zu gerne wissen, was *sich* hinter der Fassade der heilen Familie *abspielt.*
Ik zou best willen weten wat er bij die familie achter de schijn van rozengeur en maneschijn zit.

Alle Vorhersagen sind *eingetreten.*
Alles wat voorspeld was, gebeurde.

Man sagt, in diesem Haus *ereignen sich* seltsame Dinge.
Men zegt dat in dit huis rare dingen gebeuren.

Wir wollen das schöne *Ereignis* feiern.
Laten wij deze mooie gebeurtenis vieren.

Eine Antwort auf meinen Brief ist bis heute leider nicht *erfolgt.*
Ik heb tot nu toe helaas nog geen antwoord op mijn brief gekregen.

Wie steht es mit den Akten? Die Arbeit ist im Nu *erledigt.*
Hoe staat het met de documenten? Het werk is zó gebeurd.

Das *kommt* überhaupt *nicht in Frage!*
Dat gebeurt niet!

Was ist *passiert?* Ist hier *ein Unglück geschehen?*
Wat is er? Is hier een ongeluk gebeurd?

Keine Sorge! *Mir ist ist nichts geschehen/passiert.*
Maak je geen zorgen! Met mij is niets gebeurd.

Was auch geschieht, ich werde dieses Jahr noch umziehen.
Wat er ook gebeurt, ik ga nog dit jaar verhuizen.

Die *Geschehnisse/Ereignisse* der letzten Tage überschlugen sich regelrecht.
De gebeurtenissen van de laatste dagen volgden elkaar in razend tempo op.

Eine Katastrophe war über das Land *hereingebrochen.*
Een catastrofe had het land getroffen.

Es wird noch viel Wasser den Rhein hinunterfließen, bevor wir den Weltfrieden erleben werden.
Er zal nog veel moeten gebeuren voor we wereldvrede hebben.

Meine Tochter will alleine eine Weltreise machen. *Nur über meine Leiche!*
Mijn dochter wil in haar eentje een wereldreis maken, maar dat gebeurt absoluut niet!

So *etwas* Blödes *kann* auch *nur mir passieren.*
Zoiets stoms kan alleen mij maar gebeuren.

Er fuhr so unkonzentriert, dass *ihm* beinahe *etwas passiert* wäre.
Hij reed zo ongeconcentreerd dat hem bijna iets was overkomen.

Die Trauung wird in der Kirche *stattfinden.*
De huwelijksvoltrekking zal in de kerk plaatsvinden.

**Das kommt (mir) nicht in die Tüte!*
Daar komt niets van in!

Was geht hier vor?
Wat gebeurt er?

Streit *kommt* in den besten Familien *vor.*
Ruzie komt in de beste families voor.

In seinem langen Leben ist ihm großes Leid *widerfahren.*
In zijn lange leven heeft hij veel moeten lijden.

Da er zu spät nach Hause kam, fürchtete seine Mutter schon, dass ihm etwas *zugestoßen* sei.
Omdat hij te laat was, vreesde zijn moeder al dat hem iets was overkomen.

Ich werde euch genau berichten, was *sich zugetragen hat.*
Ik zal jullie precies vertellen wat er gebeurd is.

44. Gebruiken

anwenden / ausnutzen / bedienen / brauchen / Gebrauch / Gelegenheit / nötig / Nutzen / Nutzung / Rate / umgehen / zunutze

Sind Sie in der Lage, dieses Computerprogramm effektiv *anzuwenden?*
Bent u in staat dit computerprogramma effectief te gebruiken?

Sie *nutzt* ihre Geschäftspartner nur *aus.*
Zij maakt alleen maar misbruik van haar zakenpartners.

Die neue Maschine konnte mit einer Hand *bedient* werden.
De nieuwe machine kon met één hand bediend worden.

Wozu willst du denn diesen kaputten Hammer noch *gebrauchen?*
Waarvoor wil je deze kapotte hamer nog gebruiken?

Morgen wird das neue Abfallsystem *in Gebrauch genommen.*
Morgen zal het nieuwe afvalsysteem in gebruik worden genomen.

Die ganze Familie *machte fleißigen Gebrauch* von der Monatskarte.
De hele familie maakte grif gebruik van de maandkaart.

Er packte *die Gelegenheit beim Schopfe* und kaufte das Haus schon am nächsten Tag.
Hij greep de gelegenheid met beide handen aan en kocht het huis de volgende dag al.

Kaum war die Tür einen Spalt weit offen, *ergriff* der Hund *die Gelegenheit* und rannte nach draußen.
De deur stond nog maar net op een kier, toen de hond zijn kans greep en naar buiten rende.

Was *hast* du denn noch alles *nötig?*
Wat heb je nog allemaal nodig?

Die Aktionäre *zogen ihren Nutzen* aus der hohen Kurssteigerung.
De aandeelhouders haalden hun voordeel uit de hoge koersstijging.

Die *Nutzung* von Sonnenenergie hätte große Vorteile.
Het gebruik van zonne-energie zou grote voordelen hebben.

Für weitere Informationen hierzu können Sie Kapitel drei *zu Rate ziehen.*
Voor nadere inlichtingen betreffende dit onderwerp kunt u hoofdstuk drie raadplegen.

Sie müssen damit vorsichtiger *umgehen!*
Daarmee moet u voorzichtiger omgaan!

Die Forscher *machten* sich diese neue Entwicklung *zunutze.*
De onderzoekers maakten van deze nieuwe ontwikkeling gebruik.

45. Geheel

absolut / alles in allem / alles oder nichts / Bausch und Bogen / durch und durch / ganz / auf Gedeih und Verderb / Grund / inbegriffen / insgesamt / komplett / von Kopf bis Fuß / Leib und Seele / oben bis unten / Pauschalpreis / radikal / total / Totalschaden / Tropfen / völlig / vollkommen / vollständig / Welt

Ich war mir meiner Sache *absolut* sicher.
Ik was geheel zeker van mijn zaak.

Alles in allem belaufen sich die Kosten auf über eine Million DM.

Alles bij elkaar genomen bedragen de kosten meer dan één miljoen DM.

Seine finanzielle Lage ließ ihm nur eine Wahl: *alles oder nichts.*

Zijn financiële situatie liet hem slechts één keus: alles of niets.

In Bausch und Bogen wies sie seine Vorschläge zurück.

Ze verwierp zijn voorstellen in z'n geheel.

Er war *durch und durch* ein Gentleman.

Hij was een gentleman in hart en nieren.

Auf dem Fest erschien sie *ganz in Rot gekleidet.*

Op het feestje verscheen zij geheel in 't rood.

In diesem einen Punkt bin ich *ganz und gar* deiner Meinung.

Wat dit betreft ben ik het helemaal met je eens.

Sie erbten die Firma gemeinsam. Daher waren sie *auf Gedeih und Verderb* voneinander abhängig.

Zij erfden de firma. Daardoor waren zij compleet van elkaar afhankelijk.

Viele dachten, dass er ein *von Grund auf* schlechter Mensch war.

Velen dachten dat hij een door en door slecht mens was.

Insgesamt können wir mit dem diesjährigen Betriebsergebnis zufrieden sein.

In zijn geheel genomen kunnen we tevreden zijn met het bedrijfsresultaat van dit jaar.

Beim Reisebüro kann man Reisen mit einem *kompletten* Programm buchen.

Bij het reisbureau kan men reizen met een compleet programma boeken.

Als ich hereinkam, wurde ich mit Blicken *von Kopf bis Fuß* ausgezogen.

Toen ik binnenkwam, werd ik van top tot teen bekeken.

Sie widmete sich ihrer neuen Aufgabe *mit Leib und Seele*.
Zij wijdde zich met hart en ziel aan haar nieuwe taak.

Die Polizei durchsuchte das Haus *von oben bis unten*.
De politie doorzocht het huis van boven naar beneden.

Im *Pauschalpreis* sind nicht alle Extrakosten *inbegriffen*.
Bij de totaalprijs zijn niet alle kosten inbegrepen.

Sie wollte ihr Leben *radikal* verändern.
Zij wilde haar leven radicaal veranderen.

Sie waren *total* abhängig von den Lieferungen einer einzigen Firma.
Zij waren geheel afhankelijk van de leveringen van één bedrijf.

Nach dem Unfall hatte sein Auto einen *Totalschaden*.
Na het ongeluk was zijn auto total loss.

Er trank die Flasche *bis zum letzten Tropfen* leer.
Hij dronk de fles tot de laatste druppel leeg.

Es war ihr *völlig* egal, was ihr Mann mit dem Geld machte.
Het maakte haar helemaal niets uit wat haar man met het geld deed.

Ich fand den Vortrag *vollkommen* verständlich.
Ik kon de toespraak volledig begrijpen.

Diese Arbeit fällt *vollständig* in Ihren Verantwortungsbereich, Herr Kollege.
Dit werk valt geheel binnen uw verantwoordelijkheid, waarde collega.

Alle Welt wusste von ihren Heldentaten.
De hele wereld wist van haar heldhaftige daden.

46. Geheim

Brei / intern / Karte / Katze / nicht raus / Öffentlichkeit / Schweigen / totschweigen / ungewiss / unklar / verbergen / verdecken / verhüllen / vermauscheln / verschleiern / verschlossen / vertuschen / zappeln

Der Angeklagte *redete* ständig *um den heißen Brei (herum).*
De verdachte bleef de hele tijd om de hete brij (heen) draaien.

Das geht Sie gar nichts an. Diese Besprechung ist eine *interne* Angelegenheit.
Dat gaat u helemaal niets aan. Deze bespreking is een interne aangelegenheid.

Die Konkurrenten *ließen* sich **nicht in die Karten gucken.*
De concurrenten lieten zich niet in de kaart kijken.

Der Wirtschaftminister *ließ die Katze noch nicht aus dem Sack.*
De minister van Economische Zaken hield de feiten nog voor zich.

Er will einfach **nicht raus mit der Sprache.*
Hij wil er gewoonweg niets over loslaten.

Der Einsiedler *scheut die Öffentlichkeit.*
De kluizenaar schuwt de openbaarheid.

Über diesen Vorgang wurde *~der Mantel des Schweigens gehüllt.*
Over dit voorval werd het stilzwijgen bewaard.

Die Verfehlungen des Vorstandes wurden *totgeschwiegen.*
De misstappen van de directie werden doodgezwegen.

Die Polizisten *ließen* den Verhafteten während der Vernehmung *im ungewissen/unklaren.*
De politie liet de gearresteerden tijdens het verhoor in het ongewisse.

Der wirkliche Tatvorgang blieb *verborgen*.
De werkelijke gang van zaken bleef in het ongewisse.

Auch die *verdeckten* Ermittlungen brachten keinen Erfolg.
Ook het geheime opsporingsonderzoek bleef zonder resultaat.

Der Minister antwortete in einer sehr *verhüllten* Sprache.
De minister antwoordde in zeer bedekte termen.

Die Einbrecher *vermauschelten* die Ware unter sich.
De inbrekers verdeelden de buit onder elkaar.

Die Wahrheit wurde vom Nachrichtendienst *verschleiert*.
De waarheid werd door de veiligheidsdienst versluierd.

Die Tarifverhandlungen finden *hinter verschlossenen Türen* statt.
De prijsonderhandelingen vinden plaats achter gesloten deuren.

Der Lehrer versuchte seinen Fehler zu *vertuschen*.
De leraar probeerde zijn fout te verhullen.

Die Eltern *ließen* ihre Kinder am Weihnachtsabend erst noch etwas *zappeln*.
De ouders lieten hun kinderen op kerstavond eerst nog wat in onzekerheid.

47. Gek

absurd / ausflippen / besessen / blöde / Depp / durchdrehen / geisteskrank / geistig umnachtet / Häuschen / hirnverbrannt / wie ein Idiot / irrsinnig / kopflos / meschugge / Oberstübchen / Schrank / Schraube / schwachsinnig / spinnen / überkandideln / überschnappen / verrückt / Verstand

Sie hat öfters solche *absurden* Ideen.
Zij heeft wel vaker van die gekke ideeën.

Seit einem Jahr läuft sie nur noch in diesen **ausgeflippten* Klamotten herum.

Sinds een jaar loopt zij alleen nog maar in deze knotsgekke kleren.

Er war ein *besessener* Anhänger des Königs.

Hij was een bezeten volgeling van de koning.

Wenn dieser Krach nicht bald aufhört, dann *drehe ich* noch *durch*.

Als dit lawaai niet gauw stopt, draai ik volledig door.

Er ist *geisteskrank* und gehört daher in eine Klinik.

Hij is gek en hoort daarom in een inrichting te zitten.

Von Ludwig II sagt man, er war *geistig umnachtet*.

Van Lodewijk II zegt men dat hij krankzinnig was.

**Sie war völlig aus dem Häuschen* vor Freude.

Zij was dolblij.

Es ist doch **hirnverbrannt* in dieses Projekt noch weiterhin Geld zu pumpen.

Het is echt te gek om voor dit project nog langer geld te geven.

Sieh' mich nicht an ***wie ein Idiot*, weil ich dir die Wahrheit sage.

Kijk me niet aan als een idioot omdat ik je de waarheid vertel.

Es ist *irrsinnig* noch einmal in das brennende Haus zurückzugehen.

Het is krankzinnig om nog een keer het brandende huis binnen te gaan.

Völlig *kopflos* hatte sie nach dem Streit die Wohnung verlassen.

Helemaal overstuur was zij na de ruzie het huis uit gelopen.

Du hältst mich wohl für **meschugge/*überkandidelt/*blöde/ *einen Depp?*

Je denkt zeker dat ik niet goed snik ben?

Gek

Seit er aus dem Krankenhaus zurück ist, ist er **nicht mehr ganz richtig im Oberstübchen.*

Sinds hij terug is uit het ziekenhuis is hij niet meer goed bij zijn verstand.

Er *hat* zwar **nicht mehr alle Tassen im Schrank*, aber er tut keiner Fliege was zuleide.

Hij is niet goed snik/een vreemde vogel, maar hij doet geen vlieg kwaad.

Bei dir ist wohl **eine Schraube locker?*

Bij jou zit zeker een schroefje los?

Das war deine bisher **schwachsinnigste* Ausrede!

Dit was je stomste smoes tot nu toe!

Die **spinnen,* die Römer!

Gekke lui, de Romeinen!

Sie hat ihr ganzes Hab und Gut verkauft. Ich glaube, jetzt ist sie völlig **übergeschnappt.*

Zij heeft al haar spullen verkocht. Ik denk dat ze helemaal doorgedraaid is.

**Ich werd' verrückt und zieh' aufs Land.*

Dat had ik echt nooit verwacht.

Ich werde nicht bei dir im Auto mitfahren. Ich bin doch nicht **verrückt.*

Ik rijd niet met jou in de auto mee. Ik ben niet achterlijk.

Mein Rücken schmerzt **wie verrückt.*

Ik word gek van mijn rugpijn.

Durch seine Erlebnisse im Zweiten Weltkrieg hatte er *den Verstand verloren.*

Door zijn ervaringen tijdens de Tweede Wereldoorlog was hij knettergek geworden.

48. Geld

Banknote / Bargeld / einfrieren / flüssig / Geld / Geldeinlage / Großgeld / Kleingeld / Knete / Kohle / kosten / Kröten / Mäuse / Vermögen / waschen

Die neuen *Banknoten* können im Farbkopierer gefälscht werden.

De nieuwe bankbiljetten kunnen met een kleurenkopieermachine nagemaakt worden.

Ich reise nie mit viel *Bargeld* in der Tasche.

Op reis heb ik nooit veel contant geld op zak.

Die Weltbank ließ die Kredite *einfrieren*.

De wereldbank zorgde ervoor dat het krediet werd bevroren.

Da sie in Finanzschwierigkeiten war, *machte sie* ihr Auto *zu Geld*.

Omdat zij financieel in de problemen zat, maakte zij haar auto te gelde.

Das war ein gutes Geschäft, damit haben wir *schnelles Geld* verdient.

Dit was goede handel, daar hebben we makkelijk geld mee verdiend.

Der Film hat mir nicht gefallen. *Schade um das schöne Geld.*

Ik vond de film niet leuk. Zonde van het geld.

Diese Jacke hat mich **eine Stange/Menge Geld gekostet.*

Deze jas heeft mij een hoop geld gekost.

Dieser Umbau *läuft ins Geld*.

De verbouwing wordt vrij duur.

Du scheinst wirklich zu glauben, dass *das Geld auf der Straße liegt*.

Jij denkt waarschijnlijk dat het geld me op de rug groeit.

Geld oder Leben! Also her mit der **Knete.*
Je geld of je leven! Dus kom maar op met de poen.

Ich werde mein *sauer verdientes Geld* nicht für deine dummen Ideen ausgeben.
Ik besteed mijn zuur verdiende geld niet aan jouw domme ideeën.

Innerhalb von einem Jahr hatte sie ihr ganzes **Geld zum Fenster rausgeschmissen.*
Binnen een jaar had ze al haar geld over de balk gegooid.

Keine Sorge, er kann sich das leisten, denn er hat **Geld wie Heu.*
Maak je maar geen zorgen! Voor hem maakt het niets uit, want hij zwemt in het geld.

Mit dieser Idee werde ich *das große Geld machen.*
Met dit idee zal ik veel geld verdienen.

Nur *~des Geldes wegen* hat er die Rebellen verraten.
Alleen voor het geld heeft hij de rebellen verraden.

Sie müssen das letzte *Geld* für die Miete *zusammenkratzen.*
Zij moeten het laatste geld voor de huur bijeenschrapen.

Sie weiß nicht, was sie noch kaufen soll, denn sie *schwimmt im Geld.*
Zij weet niet wat ze nog moet kopen, want ze zwemt in het geld.

Zeit ist Geld.
Tijd is geld.

Sie benutzten seine *Geldeinlage*, um wieder *Mittel flüssig zu machen.*
Zij gebruikten zijn investering om liquide middelen te creëren.

Hast du etwas *Kleingeld* für mich? Nein, ich habe auch nur *Großgeld.*
Heb jij wat kleingeld voor me? Nee, ik heb ook alleen maar biljetten bij me.

Ich muss wirklich schwer arbeiten für meine **Kohle*.
Ik moet echt hard werken voor de centen.

Sie hat es sich was kosten lassen, das Haus nach ihrem Geschmack einzurichten.
Zij heeft veel geld uitgegeven om het huis naar haar smaak in te richten.

Dieses T-Shirt hat mich zwanzig **Kröten* gekostet.
Dit T-shirt heeft mij twintig piek gekost.

Wenn du mir den Aufsatz schreibst, gebe ich dir zehn **Mäuse*.
Als jij mijn opstel schrijft, geef ik je tien piek.

Sein *Vermögen zerrann ihm unter den Fingern*.
Zijn vermogen smolt als sneeuw voor de zon.

Die Mafia wollte das Geld in einer Restaurantkette *waschen*.
De maffia wilde het geld in een restaurantketen witwassen.

49. Gelijk

analog / Brei / dieselbe / Ei / ein und dasselbe / genauso / Gesicht / gleich / Haar / identisch / ihresgleichen / kochen / konform / Meinung / Unterschied / Verwechseln / Waage

Weißt du, was eine *analoge* Behandlungsweise ist?
Weet jij wat een analoge behandeling is?

Die ganzen privaten Fernsehsender sind doch nur **ein Brei!*
Alle commerciële televisiezenders zijn toch één pot nat!

Politiker sind doch alle *dieselben* Typen, egal welcher Partei sie angehören.
Politici zijn allemaal dezelfde types, ongeacht tot welke partij ze behoren.

Die Zwillinge *glichen sich wie ein Ei dem anderen.*
De tweeling leek als twee druppels water op elkaar.

Gelijk

Aber das ist doch *ein und dasselbe?*
Maar dat is toch precies hetzelfde?

Sie spielten *genauso*, wie es ihnen der Trainer eingebläut hatte.
Ze speelden precies zoals hun trainer het er bij hun ingeramd had.

Er war seinem Vater *wie aus dem Gesicht geschnitten.*
Hij leek precies op zijn vader.

Das werde ich dir *mit gleichen Mitteln* heimzahlen.
Dat zal ik je met gelijke munt terugbetalen.

Der Abteilungsleiter *stellte* sich *auf die gleiche Stufe* mit seinen Untergebenen.
De afdelingschef stelde zich gelijk aan zijn ondergeschikten.

Gleich und gleich gesellt sich gern.
Soort zoekt soort.

Lehrer sind doch *alle gleich.*
Docenten zijn toch allemaal hetzelfde.

Die beiden Spielzüge *glichen sich wie ein Haar dem anderen.*
De beide zetten leken exact gelijk.

Diese beiden Disketten enthalten vollkommen *identische* Informationen.
Deze twee diskettes bevatten volkomen identieke informatie.

Sie behandelte die Schüler wie *ihresgleichen.*
Zij behandelde de leerlingen als haar gelijken.
Keine Angst, der *kocht auch nur mit Wasser.*
Wees maar niet bang, bij hem is het ook niet anders dan anders.

Ist das *konform* mit den hier geltenden Regeln?
Is dat conform de hier geldende regels?

Dann *sind* wir ja *einer Meinung.*
Dan zijn wij dezelfde mening toegedaan.

Ich kann zwischen dem Original und der Fälschung *keinen Unterschied* erkennen.
Ik kan geen verschil zien tussen het origineel en de vervalsing.

Er *sah* seiner Schwester *zum Verwechseln ähnlich.*
Zijn zus en hij waren qua uiterlijk nauwelijks uit elkaar te houden.

Die Argumente *hielten sich die Waage.*
De argumenten wogen tegen elkaar op.

50. Gemakkelijk

behände / wie's Brezelbacken / einfach / Einfachheit / Finger / Hand / Handgriff / Hexenwerk / kinderleicht / Kinderspiel / Klacks / Kost / leicht / leichtfüßig / liegen / Sache / Schlaf / schlicht und ergreifend / Schnürchen / spielend / wie geschmiert / wie geölt / zuviel

Der Jogger läuft noch sehr *behände/leichtfüßig.*
De jogger loopt nog erg gemakkelijk.

Ihr kommt gut voran sehe ich. **Das geht ja wie's Brezelbacken.*
Jullie schieten wel op, zie ik. Dat loopt als een trein.

Du sagst das so, aber *so einfach ist die Sache auch wieder nicht.*
Je zegt dat wel, maar zo simpel is het ook weer niet.

Der Einfachheit halber werde ich euch das mit einem Versuch deutlich machen.
Gemakshalve zal ik het jullie met een voorbeeld duidelijk maken.

Pah, das habe ich doch *mit dem kleinen Finger* gemacht.
Ach, dat heb ik uit de losse pols gedaan.

Das machst du doch *mit der linken Hand?*
Dat doe je toch zonder enige moeite?

Stell dich nicht so an, das ist doch *in einem Handgriff erledigt?*
Stel je niet zo aan, dat is toch in een vloek en een zucht gedaan?

Das wirst du doch wohl schaffen, Mensch, das ist doch *kein Hexenwerk?*
Dat zul je toch wel klaarspelen, dat is toch niet zo moeilijk?

Das ist doch *kinderleicht.*
Dat is kinderlijk eenvoudig.

Diese Aufgabe ist doch *ein Kinderspiel.*
Deze opgave is kinderspel.

Das ist doch nur *ein Klacks* für dich?
Dat is toch een kleinigheidje voor jou?

Technisch gesehen, war dieses Musikstück noch *leichte Kost.*
Technisch gezien was dit muziekstuk nog lichte kost.

Mit deinen Beziehungen wäre es für dich doch *ein leichtes*, mir Freikarten für das Festival zu besorgen?
Met jouw contacten zou het voor jou toch makkelijk moeten zijn vrijkaartjes voor het festival voor mij te krijgen?

Mit seiner Kündigung hatte er seinem Chef die Entscheidung *leicht gemacht.*
Met zijn ontslag had hij de beslissing voor zijn baas makkelijk gemaakt.

Mathematik *liegt* ihr *besonders.*
Wiskunde ligt haar goed.

Den Ball noch ins Tor zu schießen war ja *keine große Sache* mehr.
Het was niet moeilijk meer de bal in het doel te schieten.

Den Seinen gibt's der Herr im Schlaf.
Zij hadden erg veel geluk.

Dies sind nun einmal *schlicht und ergreifend* die Tatsachen.
Dit zijn nu eenmaal simpelweg de feiten.

Das klappt ja wie am Schnürchen.
Dat gaat van een leien dakje.

Diese Prüfung schaffst du *spielend.*
Dit tentamen haal je met het grootste gemak.

Das *läuft/geht* ja **wie geölt/*geschmiert.*
Dat loopt gesmeerd.

Du wirst doch wohl kurz einkaufen gehen können, *das ist doch nicht zuviel verlangt*, oder?
Je kunt toch wel even boodschappen gaan doen, dat is toch niet teveel gevraagd, of wel?

51. Gewoon

ausstrahlen / durchschnittlich / eben / einfach / fallen / gehen / Hut / Kram / landläufig / Menschenverstand / mittelmäßig / normal / normalerweise / regelrecht / richtig / Sache / schlicht und ergreifend / selbstverständlich / ungewöhnlich / wie immer

Er *strahlt nichts aus.*
Aan hem is alles gewoon.

Ihr Sohn ist ein *durchschnittlicher* Schüler.
Uw zoon is een doorsneeleerling.

Das ist eben so.
Dat is gewoon zo.
Ich bin mit deiner Arbeit *einfach* nicht zufrieden.
Ik ben eenvoudigweg niet tevreden met jouw werk.

Sie ist eigentlich noch nie *aus dem Rahmen gefallen.*
Zij is eigenlijk nog nooit uit de toon gevallen.

So geht das nun mal.
Zo gaat dat nu eenmaal.

Das müsstest du so langsam mal begreifen, das ist jetzt doch schon *ein alter Hut*.

Dat zou jij toch langzamerhand moeten begrijpen, dat is nu toch een oude geschiedenis.

Die zwei haben mal wieder furchtbare Beziehungsprobleme, du weißt schon, der *alte Kram* eben.

Die twee hebben weer vreselijke relatieproblemen, je weet wel, hetzelfde oude liedje.

Das ist hier die *landläufige Meinung*.

Dat is hier de gangbare mening.

Mit dem *gesunden Menschenverstand* sind solche Greuel nicht mehr zu begreifen.

Met normaal menselijk verstand zijn zulke verschrikkingen niet te begrijpen.

Er legte eine *mittelmäßige* Prüfung ab.

Hij legde een middelmatig examen af.

Jetzt benimm dich doch mal *normal*.

Doe toch eens gewoon.

Normalerweise würde ich so was aber nicht durchgehen lassen.

Normaal gesproken zou ik zoiets niet door laten gaan.

Er ist ein *regelrechter* Idiot.

Hij is gewoon een idioot.

Tickst du **noch richtig*, oder was?

Ben jij wel goed bij je hoofd?

Die Sozialleistungen des Staates empfinden wir schon als eine *ganz normale Sache*.

De uitkeringen van de staat zien wij al als heel normaal.

Was du da sagst, ist *schlicht und ergreifend* nicht wahr.

Wat je daar zegt, is simpelweg niet waar.

Aber das ist doch *selbstverständlich*, dass ich ihnen helfe!

Maar het is toch vanzelfsprekend dat ik ze help!

Da ist doch *nichts Ungewöhnliches* dabei?
Daar is toch niets geks aan?

Wie geht's dir? *Wie immer.*
Hoe is het met je? Net als altijd.

52. Goed

ausgezeichnet / bestens / Eltern / exzellent / gelungen / gut / gutartig / gutmütig / herrlich / hervorragend / klagen / liebevoll / Ordnung / fantastisch / prima / schlecht / ins Schwarze / traumhaft / umwerfend / vorbildlich / warmherzig

Prima, du hast wirklich *ausgezeichnete* Ideen.
Mooi, jij hebt werkelijk uitstekende ideeën.

Ich bin mit ihrer Arbeit im Übrigen *bestens* zufrieden.
Voor het overige ben ik met uw werk erg tevreden.

Die Wohnungseinrichtung der Familie Schmid ist **nicht von schlechten Eltern.*
Het interieur van de familie Schmid ziet er niet slecht uit.

Einen Toast auf die Gastgeber! Das Essen war *exzellent*, der Wein war *herrlich* und die Musik war *hervorragend.*
Laten wij drinken op de gastheer en de gastvrouw! Het eten was excellent, de wijn was heerlijk en de muziek was uitstekend.

Ich danke allen, die zu diesem *gelungenen* Abend beigetragen haben.
Ik wil iedereen bedanken die meegeholpen heeft aan deze geslaagde avond.

Ach, Lisa, *sei so gut* und gib mir meine Tasche.
Lisa, zou je zo goed willen zijn mij m'n tas te geven?

Die Künstlerin zeigte ein *gut getroffenes* Porträt.
De kunstenares liet een goed portret zien.

Diese Hose kostete *gut und gern* 100 Euro.
Deze broek heeft goed en wel 100 Euro gekost.

Es ist *so gut wie* sicher, dass der Angeklagte der Mörder ist.
Het is zo goed als zeker dat de verdachte de moordenaar is.

Jetzt weine doch nicht, *es wird schon wieder gut* werden.
Huil nou toch niet, alles komt weer goed.

Was du sagst, ist alles *gut und schön/schön und gut*, aber es stimmt nicht.
Wat je allemaal vertelt is leuk en aardig, maar het klopt gewoon niet.

Wie kann ich das, was ich gesagt habe, *wieder gutmachen?*
Hoe kan ik wat ik gezegd heb weer goedmaken?

Sie haben nochmal Glück gehabt, es war ein *gutartiger* Tumor.
U heeft geluk gehad. Het was een goedaardige tumor.

Dieser Hund tut nichts, denn er ist sehr *gutmütig*.
Deze hond doet niets, hij is erg goedaardig.

Wie es mir geht? Danke, *ich habe nicht zu klagen*.
Hoe het met mij gaat? Bedankt, ik mag niet klagen.

Du *bist* echt *in Ordnung*, Mann!
Jij bent echt oké!

Das Konzert war *fantastisch!*
Het concert was fantastisch!

Dein Aufsatz ist *nicht schlecht*, aber er könnte besser sein.
Jouw opstel is niet slecht maar het kon beter.

Mit meiner Einschätzung der Situation habe ich *voll ins Schwarze getroffen*.
Mijn inschatting van de situatie was helemaal juist.

Die neue Gitarre klingt *traumhaft*.
De nieuwe gitaar klinkt fantastisch.

Als Lehrer ist er nicht gerade *umwerfend*, aber er ist ein *liebevoller* Vater.
    Als leraar is hij niet geweldig, maar hij is een liefdevolle vader.

Die Kinder haben sich *vorbildlich* betragen.
    De kinderen gedroegen zich voorbeeldig.

Julia ist eine *warmherzige* Mutter, findest du nicht auch?
    Julia is een hartelijke moeder, vind je ook niet?

53. Goedkeuren

bewilligen / billigen / dafür sein / dulden / durchgehen / einigen / Einsehen / einverstanden / entsprechen / erklären / Erlaubnis / gerade / genehmigen / gestatten / gewähren / gutheißen / kontrollieren / meinetwegen / stattgeben / tolerieren / zulassen / zustehen / zustimmen

Hat das Ministerium die Gelder überhaupt schon *bewilligt?*
    Heeft het ministerie het geld eigenlijk al verstrekt/toegewezen?

Ich kann ihr Benehmen nicht *billigen!*
    Ik kan uw gedrag niet goedkeuren!

Ich bin dafür, dass wir in diesem Sommer nach Schweden fahren.
    Ik ben ervoor dat wij deze zomer naar Zweden gaan.

Der Chef wird es nicht *dulden*, dass wir früher gehen.
    De baas zal niet goedkeuren dat wij vroeger gaan.

Dieses unverschämte Verhalten können wir nicht *durchgehen lassen*.
    Dit onbeschofte gedrag kunnen wij niet goedkeuren.

Zu meinem Erstaunen konnten wir uns sehr schnell *einigen*.
    Tot mijn verrassing waren wij het zo eens.

Mein Vater *hat* endlich *ein Einsehen* mit mir.
    Mijn vader heeft eindelijk begrip voor mij.

Die Direktorin *war damit einverstanden*, erneut Aktien auszugeben.

De directrice ging ermee akkoord opnieuw aandelen uit te geven.

Hiermit *entsprechen* wir Ihrer Bitte um Amtshilfe im obengenannten Fall.

Bij dezen keuren wij uw aanvraag voor ambtelijke hulp voor bovengenoemd geval goed.

Peter muss nur zum Militär, wenn sie ihn *für tauglich/gesund erklären*.

Peter moet alleen in militaire dienst als hij goedgekeurd wordt.

Habe ich dir dafür vielleicht die *Erlaubnis gegeben/erteilt?*

Heb ik jou daar soms goedkeuring voor gegeven?

Die Party konnte in der Schule stattfinden, da der Direktor **fünf gerade sein ließ*.

Het feestje kon op school plaatsvinden omdat de directeur het wel best vond.

Wer hat den Kauf dieser Computeranlage *genehmigt?*

Wie heeft ingestemd met de aankoop van dit computersysteem?

Gestatten Sie, dass ich Ihnen in den Mantel helfe?

Mag ik u in uw jas helpen?

Bitte *~gewähren* Sie mir diese Bitte?

Wilt u mij dit verzoek alstublieft toestaan?

Ich werde es nicht *gutheißen*, wenn du die Ausbildung abbrichst.

Ik ben het er niet mee eens als je de opleiding niet afmaakt.

Zur Zeit *kontrollieren* sie wieder ziemlich streng auf den Flughäfen.

Momenteel voeren ze op de luchthavens weer strenge controles uit.

Meinetwegen können die Kinder heute länger aufbleiben.

Wat mij betreft mogen de kinderen vandaag langer opblijven.

Dem Antrag der Verteidigung wird *stattgegeben!*
Het verzoek van de verdediging wordt ingewilligd!

Wie lange werden wir rassistisches Verhalten noch *tolerieren?*
Hoe lang zullen wij racistisch gedrag nog tolereren?

Dieses Auto ist so verrostet, dass es nicht *zugelassen* werden kann.
Deze auto is zo verroest dat hij niet meer door de keuring komt.

Du musst *zugestehen*, dass ich in dieser Sache recht hatte.
Je moet toegeven dat ik op dit punt gelijk had.

Ich werde dem Vorschlag nur *zustimmen*, wenn meine Bedingungen erfüllt sind.
Ik zal alleen toestemmen in dit voorstel als mijn voorwaarden vervuld worden.

54. Goedkoop

Appel und Ei / Ausverkaufspreis / bezahlbar / billig / Butterbrot / Geld / Geschäft / geschenkt / Gotteslohn / herabsetzen / nachwerfen / Pappenstiel / Preis / spottbillig / Spottpreis / Taschengeld / Trinkgeld / umsonst / verbilligen / Wert

Er hatte seinen alten Computer **für 'nen Appel und ein Ei* verkauft.
Hij had zijn oude computer voor een appel en een ei verkocht.

In dem neuen Laden bekommst du Schuhe *zu Ausverkaufspreisen.*
In de nieuwe winkel krijg je schoenen tegen dumpprijzen.

Wir suchen eine *bezahlbare* Wohnung.
Wij zoeken een betaalbare woning.

Dieser Verstärker ist für seine Leistung sehr *billig*.
Deze versterker is, gezien zijn vermogen, erg goedkoop.

Dieses Fahrrad habe ich *für ein Butterbrot* erstanden.
Deze fiets heb ik voor een habbekrats gekocht.

Diese Hi-Fi-Anlage *ist* wirklich *ihr Geld wert.*
Deze stereo-installatie is zeker z'n geld waard.

Zu dem Preis ist dieses Auto *ein wirklich gutes Geschäft.*
Voor die prijs is deze auto waar voor z'n geld.

Das ist ja *(fast) geschenkt.*
Dat is (bijna) voor niets.

Die Organisatoren des Festivals *arbeiten für Gotteslohn.*
De organisatoren van het festival werken voor noppes.

Die haben ihre Artikel ja tatsächlich (stark) *im Preis herabgesetzt.*
Zij hebben hun artikelen echt (sterk) afgeprijsd.

Im Sommerschlussverkauf waren alle Waren stark *herabgesetzt.*
In de zomeruitverkoop was alles sterk afgeprijsd.

Die Schuhe *bekam* ich ja regelrecht **nachgeworfen.*
De schoenen kreeg ik regelrecht in mijn schoot geworpen.

Sie verkaufte ihre Ware *zu einem Pappenstiel.*
Zij verkocht haar waar voor een prikkie.

In dem neuen Laden um die Ecke gibt es *spottbillige* Jeans.
In de nieuwe winkel op de hoek hebben ze spotgoedkope spijkerbroeken.

Er verkaufte seine Ware zu einem *Spottpreis.*
Hij verkocht zijn waar voor een spotprijs.

Der Musikunterricht bei ihr kostete nur *ein Taschengeld.*
De muziekles kostte bij haar slechts een zakcentje.

Das lasse ich unseren Nachbarn machen. Der tut das *für ein Trinkgeld.*
Dit laat ik onze buurman doen. Hij doet het voor een habbekrats.

Die Secondhand-CDs kosteten mich höchstens *ein Trinkgeld.*
Tweedehands cd's kosten mij hoogstens een schijntje.

Grundnahrungsmittel gab es hier *halb für umsonst.*
Primaire levensmiddelen kosten hier bijna niets.

Da die Blumen nicht mehr ganz frisch waren, gab der Florist sie *verbilligt* ab.
Omdat de bloemen niet meer helemaal vers waren, verkocht de bloemist ze voor minder geld.

Sie *verkauften* die Instrumente (weit) *unter Wert/unter Preis.*
Zij verkochten de instrumenten (ver) onder de prijs.

55. Groeien

anlaufen / Anstieg / anwachsen / ausbauen / ausbreiten / sich entfalten / sich entpuppen / sich entwicklen / Hebung / Himmel / Kinderschuh / sich machen / Null-Wachstum / summieren / ins Unendliche / Vermehrung / Zunahme / zunehmen / zunehmend / Zustrom

Wenn du so weitermachst, werden deine Schulden so hoch *anlaufen*, dass du sie nicht mehr zurückbezahlen kannst.
Als je zo doorgaat, zullen je schulden zo hoog oplopen dat je ze niet meer terug kunt betalen.

Die Prognose sagt einen *Anstieg* der Arbeitslosigkeit voraus.
De prognose laat een stijging van de werkloosheid zien.

Seine Schulden *wuchsen* weiter *an.*
Zijn schulden liepen verder op.

Der Tabellenführer *baut* seinen Vorsprung weiter *aus.*
De lijstaanvoerder bouwt een nog grotere voorsprong op.

Im nächsten Jahr werden wir unsere Aktivitäten auf dem Gebiet der Forschung weiter *ausbreiten.*
Volgend jaar zullen wij onze activiteiten op het gebied van onderzoek verder uitbreiden.

Der Ein-Mann-Betrieb *entfaltete sich* zu einer großen Firma.
De eenmanszaak groeide uit tot een grote firma.

Was anfänglich nur als kleines Projekt gedacht war, *entpuppte sich* als ein großer Verkaufsschlager.
Wat aanvankelijk als klein project bedoeld was, ontpopte zich tot een groot kassucces.

Das Mädchen *entwickelte sich* von einem Tunichtgut zu einer intelligenten, durchsetzungsfähigen Frau.
Het meisje ontwikkelde zich van een deugniet tot een intelligente, slagvaardige vrouw.

Weißt du, ob die Zentralbank heute die *(An-)Hebung* des Diskontsatzes beschlossen hat?
Weet jij of de centrale bank vandaag tot een verhoging van de discontovoet besloten heeft?

Die Schulden seiner Firma *wuchsen in den Himmel/bis ins Unendliche*.
De schulden van zijn bedrijf rezen tot aan de hemel/ stegen tot grote hoogte.

Mit der neuen Serie ist dieses Auto *den Kinderschuhen entwachsen*.
Met de nieuwe serie is deze auto uit z'n kinderschoenen gegroeid.

Alle Achtung, so langsam *macht er sich*.
Kijk eens aan, langzamerhand groeit hij erin.

Fachleute rechnen im nächsten Jahr mit einem *Null-Wachstum*.
Experts rekenen voor het volgende jaar op een stagnatie van de groei.

Die Zinsen auf ihrem Konto *summierten* sich beträchtlich.
De rente op haar rekening liep behoorlijk op.

Die schnelle *Vermehrung* der Menschheit wird in der Zukunft zu großen Problemen führen.
De snelle groei van de wereldbevolking zal in de toekomst tot grote problemen leiden.

Wir müssen schon dieses Jahr mit einer *Zunahme* der Verschuldung um mindestens 15% rechnen.
We moeten dit jaar al op een toename van de schuldenlast van minstens 15% rekenen.

Wenn er weiterhin soviel isst, wird er noch ganz schön *zunehmen*.
Als hij zo door blijft eten, groeit hij nog dicht.

Solche Vorgänge ärgerten ihn ~*in zunehmendem Maße*.
Hij ergerde zich in toenemende mate aan zulke voorvallen.

Der *Zustrom* der Zuschauer war kaum zu bewältigen.
De toestroom van toeschouwers was nauwelijks in de hand te houden.

56. Groot / Klein

Baum / Bohnenstange / Dreikäsehoch / Gartenzwerg / Haupteslänge / hoch gewachsen / Höhe / hühnenhaft / Knirps / Knopf / Kopf / kurz / Liliputaner / Lulatsch / Riese / verschwinden / Winzling

Der Kerl von nebenan ist so *groß wie ein Baum*.
Die kerel van hiernaast is een boom van een vent.

Er überragte seinen Gegenspieler um *Haupteslänge*.
Hij stak een kop boven zijn tegenspeler uit.

Eure Kinder sind aber auch *hoch gewachsen*.
Jullie kinderen zijn ook flink gegroeid.

Seit einem Jahr *schießt* ihr Sohn *in die Höhe*.
Sinds een jaar schiet haar zoon de hoogte in.

Er hatte eine *hühnenhafte* Gestalt.
Hij had een flink postuur.

Sie ist sicher um *einen Kopf größer* als ihr Freund.
Zij is ten minste een kop groter dan haar vriend.

Ihr neuer Klassenkamerad war ein richtig **langer Lulatsch.*
Hun nieuwe klasgenoot was een behoorlijk lange slungel.

Der neue Basketballstar ist *ein Riese von einem Mann.*
De nieuwe basketbalster is een reus van een kerel.

Der sieht doch aus wie eine richtige **Bohnenstange.*
Hij ziet er echt uit als een bonenstaak.

Er war so ein richtiger **Dreikäsehoch.*
Hij was werkelijk drie turven hoog.

Sein neuer Chef war so **klein wie ein Gartenzwerg.*
Zijn nieuwe chef was een tuinkabouter.

Hast du deine **Knirpse* nicht mitgebracht?
Heb je je kleintjes niet meegenomen?

Ach ist das ein süßer, **kleiner Knopf.*
Ach, wat is dat een schattige, kleine knul.

Dem kann man doch glatt **auf den Kopf spucken.*
Hij is zo klein dat je hem op zijn hoofd kan spugen.

Zum Volleyballspielen war sie wirklich *zu kurz geraten.*
Om te volleyballen was zij echt te klein van stuk.

Der ist so groß wie ein *Liliputaner.*
Hij is zo groot als een lilliputter.

Was will denn der **abgehackte Riese* da vorne?
Wat wil die dreumes daar vooraan toch?

Er *verschwindet* regelrecht neben seinen Mitspielern auf dem Mannschaftsfoto.
Op de ploegfoto vind je hem tussen zijn medespelers niet meer terug.

Dieser *Winzling* da vorne soll sich nicht so aufblähen.
Dat onderkruipsel daar vooraan moet niet zo gewichtig doen.

57. Handel

Absatz / begleichen / Geld / Hand / Haus / Katze im Sack / Ladentisch / Markt / Marktwirtschaft / Rabatt / Rate / Rechnung / Rubel / Schwarzmarkt / Semmel / Serie / sitzen / Spiel der Kräfte / Tisch / Umlauf / Zahlung / Zins

Der Artikel fand einen *reißenden Absatz.*
Het artikel vond gretig aftrek.

Beim Geld endet die Freundschaft.
Met het geld eindigt de vriendschap.

Er hat das Auto aus *zweiter Hand* gekauft.
Hij heeft de auto tweedehands gekocht.

Die Lieferung erfolgt *frei Haus.*
De bezorging is franco.

Da er keine Zeit hatte, hatte er *die Katze im Sack gekauft.*
Doordat hij geen tijd had, had hij een kat in de zak gekocht.

Diese Bücher werden nur *unter dem Ladentisch* verkauft.
Deze boeken worden alleen onder de toonbank verkocht.

Mercedes *bringt* in einem Monat ein neues Modell *auf den Markt.*
Mercedes brengt over een maand een nieuw model op de markt.

Mit diesem Produkt werden wir *neue Märkte erschließen.*
Met dit product zullen wij nieuwe markten ontsluiten.

Bei der *sozialen Marktwirtschaft* überlässt der Staat die Wirtschaft nicht völlig *dem freien Spiel der Kräfte.*
In de sociale markteconomie laat de staat het marktmechanisme niet volledig van het krachtenspel afhangen.

Und wenn ich noch 10% *Rabatt* bekomme, lege ich das Geld morgen **bar auf den Tisch des Hauses.*

En als ik nog 10% korting krijg, leg ik het geld morgen contant op tafel.

Kann ich bei Ihnen das Auto auch *auf Raten kaufen?*

Kan ik bij u de auto ook in termijnen betalen?

Diese Runde *geht auf meine Rechnung.*

Dit rondje is voor mijn rekening.

Der Rubel muss rollen.

Geld moet rollen.

Zigaretten sind höchstens noch auf dem *Schwarzmarkt* zu haben.

Sigaretten zijn hoogstens nog op de zwarte markt te verkrijgen.

Die neuen Sammel-CD's **gehen weg wie warme Semmeln.*

De nieuwe verzamel-cd's gaan als warme broodjes over de toonbank.

Der neue Flugzeugtyp wird nächste Woche *in Serie gehen.*

Het nieuwe vliegtuigtype zal volgende week in serieproductie gaan.

Die Händler sind auf ihren Produkten *sitzen geblieben.*

De handelaren zijn met hun producten blijven zitten.

Die neuen Geldscheine werden nächstes Jahr *in Umlauf gebracht* werden.

De nieuwe bankbiljetten zullen volgend jaar in omloop worden gebracht.

Er musste seine goldene Uhr *in Zahlung geben*, um die Miete *begleichen* zu können.

Hij moest zijn gouden horloge verpanden om de huur over te kunnen maken.

Dieses Sparbuch *trägt* ordentlich *Zinsen.*

Deze spaarrekening levert een behoorlijke rente op.

58. Hard

austrocknen / eisern / Erbarmen / Froschblut / kalt / knochenhart / Leiche / Nehmen / Rücksicht / stählern / steif / steinhart / Wimper / zurückschrecken

Wenn nicht bald Regen fällt, *trocknet* der Boden völlig *aus*.
Als het niet gauw gaat regenen, droogt de grond helemaal uit.

Sie verfügt über einen *eisernen* Willen.
Zij beschikt over een ijzeren wil.

Sie *kannten/hatten kein Erbarmen* mit ihren Gefangenen.
Zij hadden geen medelijden met hun gevangenen.

Er scheint *Froschblut in seinen Adern* zu *haben*.
Hij lijkt geen medeleven te kennen.

Die Entschuldigungen des Schülers *ließen* die Lehrerin *(völlig) kalt*.
De verontschuldigingen van de leerling lieten de docente (volledig) koud.

Sein Gesichtsausdruck war *kalt wie Stein*.
Zijn blik was ijskoud.

Sie *zeigte* ihm bei jedem Gespräch nur *die kalte Schulter*.
Tijdens ieder gesprek wees zij hem af.

Der Verteidiger spielte *knochenhart*.
De verdediger speelde bikkelhard.

Sie *geht über Leichen*, um ihr Ziel zu erreichen.
Zij gaat over lijken om haar doel te bereiken.

Der Boxer war *hart im Nehmen*.
De bokser kon veel hebben.

Er verfolgt sein Ziel *ohne Rücksicht auf Verluste*.
Hij streefde zijn doel na zonder rekening te houden met verliezen.

Der Marathonläufer hatte den *stählernen* Willen durchzuhalten.
De marathonloper had de ijzeren wil om vol te houden.

Dein Nacken ist ja ganz *steif.*
Je nek zit helemaal vast.

Das altbackene Brot war *steinhart.*
Het oudbakken brood was keihard.

Der Abteilungsleiter entließ drei Angestellte *ohne mit der Wimper zu zucken.*
De afdelingschef ontsloeg drie werknemers zonder enige scrupules.

Die Geißelnehmer *schreckten vor nichts zurück.*
De gijzelnemers deinsden nergens voor terug.

59. Helpen

Arm / behilflich / Bresche / Dienste erweisen / einspringen / Hand / helfen / Hilfe / Hilfestellung / Last / Nutzen / räumen / Schlepptau / Seite / stärken / Steigbügel / Unterstützung / Verfügung

Die Eltern *griffen* ihr während des Studiums finanziell *unter die Arme.*
Haar ouders gaven haar tijdens haar studie financiële ondersteuning.

Danke sehr, Sie waren mir *(sehr) behilflich.*
Dank u zeer, u was mij (zeer) behulpzaam.

Sie *sprang* für ihre kranke Kollegin *in die Bresche.*
Zij sprong voor haar zieke collega in de bres.

Diese Arznei wird ihnen noch *gute Dienste erweisen.*
Dit geneesmiddel zal u goede diensten bewijzen.

Im Notfall kann immer noch ihr Mann *einspringen.*
In het uiterste geval kan haar man altijd nog meehelpen.

Der Meister *ging* dem Azubi *zur Hand.*
De meester hielp de leerling een handje.

Aus dieser Situation kannst du dir nur selbst wieder *heraus helfen.*
Alleen jij kunt jezelf uit deze situatie helpen.

Machen Sie sich keine Sorgen, *er weiß sich (schon) zu helfen.*
Maak u geen zorgen, hij redt zich wel.

Er *leistete* bei dem Autounfall *Erste Hilfe.*
Hij gaf eerste hulp bij het auto-ongeluk.

Der Assistenzarzt *gab/verlieh* dem Oberarzt *Hilfestellung* bei der schwierigen Operation.
De arts-assistent verleende de chirurg assistentie bij de moeilijke operatie.

Ihre Freunde konnten ihnen viele *Lasten abnehmen.*
Hun vrienden konden hen van vele lasten bevrijden.

Nehmen Sie das Werkzeug ruhig mit, es kann Ihnen noch *von Nutzen sein.*
U kunt het gereedschap gerust meenemen, het kan u nog van pas komen.

Wer kann dir helfen, deine *Probleme aus dem Weg zu räumen?*
Wie kan je helpen je problemen uit de wereld te helpen?

Sie *nimmt* ihre neue Kollegin *in Schlepptau.*
Zij neemt haar nieuwe collega op sleeptouw.

Sie *stand* ihrer Freundin auch in dieser schwierigen Zeit *zur Seite.*
Zij bleef ook in deze moeilijke tijd haar vriendin steunen.

Sein Freund *stärkte* ihm bei der Diskussion *den Rücken.*
Zijn vriend stond hem tijdens de discussie bij.

Er *hilft* seinem Sohn bei der schwierigen Mathe-Aufgabe ein wenig *in die Steigbügel.*
Hij helpt zijn zoon een beetje op weg met de moeilijke wiskundeopgave.

Die Vertriebenen *erhalten/bekommen* von der Kirche *Unterstützung.*
De verdrevenen worden door de kerk opgevangen/krijgen steun van de kerk.

Ich *stehe* jederzeit *zu Ihrer Verfügung.*
Ik sta ieder moment tot uw beschikking.

60. Hinderen

dazwischen / ersticken / Gegenmaßregel / Handwerk / Haufen / kommen / Quere / Sand / Stein / Strich / die Suppe versalzen / unmöglich / verderben / verhindern / versperren / Weg / Zug / zunichte / zwischen die Beine

Es ist wie verhext, immer *kommt* etwas *dazwischen.*
Het lijkt alsof de duivel ermee speelt, steeds komt er iets tussen.

Der Diktator *erstickt jeden Widerstand im Keim.*
De dictator smoort iedere tegenstand in de kiem.

Die Zentralbank muss jetzt dringend *Gegenmaßregeln einleiten.*
De centrale bank moet nu dringend tegenmaatregelen treffen.

Dem Schwarzhändler wurde *das Handwerk gelegt.*
De zwarthandelaar werd volledig aan banden gelegd.

Seine Pläne wurden alle *über den Haufen geworfen.*
Hij kon al zijn plannen wel vergeten.

Dazu werde ich es erst gar nicht kommen lassen!
Zo ver zal ik het niet eens laten komen!

Die Krankheit *kam* ihrer Karriere *in die Quere.*
De ziekte stond haar carrière in de weg.

Der *streut* doch nur *Sand ins Getriebe.*
Hij is alleen maar een sta-in-de-weg.

Ihr Gegner *machte* ihnen *einen Strich durch die Rechnung.*
Hun tegenstander haalde een streep door de rekening.

Mit diesem Geschäftsabschluss hatte er der Konkurrenz kräftig *die Suppe versalzen.*
Met deze zakentransactie had hij de plannen van de concurrentie flink in de war gestuurd.

Ihr Verhalten *macht* es mir *unmöglich*, Sie noch weiter hier zu beschäftigen.
Uw gedrag maakt het mij onmogelijk om u nog verder in dienst te houden.

Der werde ich ihr Spiel schon noch *verderben.*
Haar zal ik zeker nog dwarsbomen.

Mit seiner schnellen Reaktion *verhinderte* er *Schlimmeres.*
Door zijn snelle reactie voorkwam hij erger.

Gehen Sie bitte zur Seite, Sie *versperren* nur *den Weg!*
Kunt u aan de kant gaan, u staat alleen maar in de weg!

Ihr Kind *stand* ihr ständig *im Weg.*
Haar kind liep haar constant voor de voeten.

Seiner Beförderung wurden immer wieder *Steine in den Weg gelegt.*
Zijn promotie werd steeds weer gedwarsboomd.

Er *lässt* seinen Gegenspieler einfach *nicht zum Zuge kommen.*
Hij laat zijn tegenspeler gewoonweg niet aan bod komen.

Ihre Entlassung *machte* all ihre Zukunftspläne *zunichte.*
Haar ontslag maakte een eind aan al haar toekomstplannen.

Seine Mitarbeiter *warfen* ihm *einen Knüppel zwischen die Beine.*
Zijn collega's gooiden roet in het eten.

61. Hoog / Diep

abgrundtief / fest / haushoch / hoch / hochrangig / im Innersten / Landesinnere / tief / Tiefe / tiefgründig / Tinte / überlegen / Vogelperspektive / Wuchs

Die Heimmannschaft gewann das Spiel *haushoch*.
De thuisploeg won de wedstrijd met overmacht.

Bei ihrer Geburtstagsfeier *ging* es *hoch her*.
Op haar verjaardagsfeest was het erg gezellig.

Die Gebrauchsanweisung *war zu hoch für ihn*.
De gebruiksaanwijzing was voor hem te hoog gegrepen.

Er *wollte* schon immer *hoch hinaus*.
Hij was altijd al een hoogvlieger/hij had altijd al veel ambities.

Sein Vater versprach ihm *hoch und heilig* mitzugehen.
Zijn vader beloofde hem met zijn hand op zijn hart om mee te gaan.

Seine Großeltern *waren* schon *hoch in den Achtzigern*.
Zijn grootouders waren al ver in de tachtig.

Der Pressechef war ein *hochrangiger* Offizier.
De perschef was een hooggeplaatst officier.

So wie es jetzt aussieht, *sitzen* sie ganz schön *in der Tinte*.
Zoals het er nu uitziet, zitten ze behoorlijk omhoog.

Sie waren ihrem Gegner *(weit) überlegen*.
Zij waren duidelijk van een (veel) betere klasse dan hun tegenstander.

Wenn man das Problem *aus der Vogelperspektive betrachtet*, sieht es schon wieder ganz anders aus.
Als je het probleem van bovenaf bekijkt, ziet het er al weer heel anders uit.

Die Eiche war ~*von hohem Wuchs.*
De eik was hoog.

Die Aktien stürzten an diesem Tag *abgrundtief.*
De aandelen(koersen) stortten op deze dag naar beneden.

Diese Tradition ist hier *fest verwurzelt.*
Deze traditie is hier diep geworteld.

In ihrem *Innersten* nagte noch immer der Gedanke an ihn.
In haar binnenste knaagde nog steeds de gedachte aan hem.

Bei dem musst du *tief graben*, bis der etwas rauslässt.
Bij hem moet je diep graven, voor er iets uitkomt.

Diese Tierart findet man nur noch *tief im Landesinneren.*
Deze diersoort is alleen nog diep in het binnenland te vinden.

~*In der Tiefe seines Herzens* liebte er sie immer noch.
Diep in zijn hart hield hij nog steeds van haar.

Sie konnten seinen *tiefgründigen* Argumenten nur mit Mühe folgen.
Zij konden zijn diepgravende argumenten maar met moeite volgen.

62. Inmengen

angehen / dazwischen / einhaken / sich einmengen / sich einmischen / einschalten / Kehrricht / Kochtopf / sich kümmern / mitreden / Nase / naseweiß / neugierig / Parade / sich raushalten / Senf / Sorge

Das *geht* dich gar *nichts an.*
Dat gaat je helemaal niets aan.

Der Talkmaster *redete (ständig) dazwischen.*
De talkshowpresentator onderbrak de sprekers telkens weer.

Nun *funk* mal nicht ständig **dazwischen*.
Verstoor de boel nou niet de hele tijd.

An diesem Punkt muss ich doch mal *einhaken*.
Hier wil ik toch eens op ingaan.

Immer mehr Zuhörer *mengten sich* in das Gespräch *ein*.
Steeds meer toeschouwers mengden zich in het gesprek.

Misch du dich nicht in unser Gespräch *(ein)*.
Meng je niet in ons gesprek.

Am Ende der Diskussion *schaltete* er sich doch noch *ein*.
Aan het einde van de discussie mengde hij zich er toch nog in.

Das *geht* dich **einen feuchten Kehrricht an*, was ich heute abend vorhabe.
Het gaat je geen bal aan wat ik vanavond ga doen.

Sie muss anderen Leuten aber auch immer *in den Kochtopf gucken*.
Zij moet zich ook altijd bemoeien met de problemen van anderen.

Der **kümmert sich* aber auch *um jeden Dreck*.
Hij bemoeit zich ook overal mee.

Kümmere dich (lieber) um deine eigenen Sachen/deinen eigenen Kram!
Bemoei jij je (liever) met je eigen zaken!

Er will immer *bei allem mitreden*.
Hij wil werkelijk over alles meepraten.

Jetzt *steck* doch *deine Nase* nicht immer *(in alles) rein!*
Steek toch niet je neus in allerlei zaken!

Sei nicht so *naseweiß*.
Wees niet zo nieuwsgierig.

Sei nicht so *neugierig*.
Wees niet zo nieuwsgierig.

Der Lehrer *fuhr* seiner Schülerin ständig *in die Parade*.
De leraar viel zijn scholiere telkens in de rede.

Du *hältst* dich da schön *raus!*
Hou je erbuiten!

Halt dich (da) *raus*, Mensch!
Bemoei je er niet mee!

Zu allem und noch was musste sie **ihren Senf dazugeben/hinzugeben.*
Zij had werkelijk op alles commentaar.

Lass das Problem nur *meine Sorge sein*.
Laat dit probleem maar aan mij over.

63. Inspannen

das Äußerste / Bein / Biegen und Brechen / Blücher / Ehrgeiz / sich einsetzen / Hebel in Bewegung / Himmel / Kraft / krampfhaft / das Letzte / Ruder / setzen / tun / unversucht / versuchen / Volldampf / Zeug

Beim Endsprint versuchte er sein *Äußerstes*.
In de eindsprint gaf hij alles.

Er *reißt sich* für seine Frau die *Beine raus*.
Hij zou alles doen voor zijn vrouw.

Sie wollten die Maschinen *auf Biegen und Brechen* zum festgestellten Datum fertigstellen.
Zij wilden de machines in ieder geval op de vastgestelde datum af hebben.

**Der geht ja ran wie Blücher.*
Hij spant zich ontzettend in.

Der Schwimmer *setzte* seinen ganzen *Ehrgeiz dahinter*, in diesem Jahr Meister zu werden.
De zwemmer deed alles wat hij kon om dit jaar kampioen te worden.

Er *setzte sich* sein ganzes Leben lang *für* eine bessere Welt *ein*.
Hij zette zich heel zijn leven in voor een betere wereld.

Obwohl die Polizei *alle Hebel in Bewegung setzte*, konnte sie die Täter nicht finden.
Alhoewel de politie zich uit alle macht inspande, kon zij de dader niet vinden.

Sie *setzten Himmel und Hölle/Erde in Bewegung*, um doch noch Eintrittskarten für das Konzert zu bekommen.
Zij bewogen hemel en aarde, om toch nog kaartjes voor het concert te krijgen.

Ich werde versuchen, dieser Aufgabe *nach besten Kräften* gerecht zu werden.
Ik zal zo goed als ik kan proberen om deze opdracht tot een goed einde te brengen.

Er *bemühte sich krampfhaft*, alle neuen Vokabeln bis morgen zu lernen.
Hij probeerde krampachtig alle nieuwe woorden voor morgen te leren.

In der Schlussphase des Spiels *holten* sie nocheinmal *das Letzte/Äusserste aus sich heraus*.
Aan het einde van het spel/wedstrijd gingen ze nog één keer tot het uiterste.

Für seine Beförderung musste er sich schon noch ein bisschen *ins Ruder legen*.
Voor zijn promotie moest hij nog wel wat meer presteren.

Sie *setzte alles daran*, ihn doch noch zu überreden.
Zij deed haar uiterste best om hem toch nog over te halen.

Ich werde *alles tun, was in meiner Macht steht*.
Ik zal alles doen wat in mijn macht ligt.

Sie *ließen nichts unversucht*, um doch noch rechtzeitig anzukommen.

Zij probeerden alles om toch nog op tijd aan te komen.

Die Rettungstrupps *versuchten alles Menschenmögliche*, um die Unfallopfer zu retten.

De reddingsbrigade deed al het mogelijke om de slachtoffers van het ongeluk te redden.

Er *versuchte alles*, um an die Schokolade zu kommen.

Hij probeerde van alles om de chocola te bemachtigen.

In der letzten Viertelstunde *versuchten* sie *mit der Brechstange* doch noch ein Tor zu erzielen.

Tijdens het laatste kwartier probeerden zij met geweld toch nog een doelpunt te maken.

Mit Volldampf gingen sie an das neue Projekt *heran.*

Met veel enthousiasme begonnen zij aan het nieuwe project.

Im letzten Schuljahr *legte* sie sich noch einmal *(mächtig) ins Zeug.*

In het laatste schooljaar spande zij zich nog één keer erg in.

64. Intelligent

beikommen / Geist / Genie / Haus / helle / Horizont / Kasten / Kopf / Köpfchen / Leuchte / scharfsinnig / Verstand / vormachen / Zack

So leicht *konnte* man ihr *nicht beikommen.*

Men kon niet makkelijk vat op haar krijgen.

In diesen Worten war ein Hauch von seinem *Geist* zu *spüren.*

In deze woorden was een zweem van zijn geest te bespeuren.

Zeitlebens war er ein *verkanntes Genie.*

Gedurende zijn leven was hij een miskend genie.

Der Vater seiner Freundin war **ein gelehrtes Haus*.
De vader van zijn vriendin was een zeer geleerd iemand/had ze aardig op een rijtje.

Sein Freund **ist ein gescheites Haus*.
Zijn vriend is een slimmerik.

Sie *ist* ganz schön **helle*.
Zij is al behoorlijk bijdehand.

Mit ihr kann man man über alles reden. Sie hat einen *großen/weiten Horizont*.
Met haar kun je over alles praten. Zij is breed ontwikkeld.

Ihre Schwester *hat* ganz schön *was auf dem Kasten*.
Haar zus heeft heel wat in haar mars/in huis.

Die Abteilungsleiterin *war nicht auf den Kopf gefallen*.
De afdelingsleidster was niet op haar achterhoofd gevallen.

Nein danke, ich trinke nichts mehr. Ich muss morgen einen *klaren Kopf* haben.
Nee bedankt, ik drink niets meer. Ik moet morgen helder zijn.

Auch bei dieser Frage *bewies* er wieder *Köpfchen*.
Ook bij deze vraag bewees hij zijn slimheid weer.

Tja, er *hat* eben *Köpfchen*.
Tja, hij heeft nu eenmaal koppie koppie.

Du *bist* mir so **eine Leuchte der Wissenschaft*.
Jij bent een superslim figuur.

Scharfsinnig wie er war, konnte er diese Dinge sehr gut begreifen.
Scherpzinnig als hij was, kon hij deze zaken zeer goed begrijpen.

Der Schriftsteller formulierte mit *scharfem Verstand*.
De auteur formuleerde scherpzinnig.

Für dieses Forschungsprojekt hatte die Wissenschaftlerin einen *klaren Verstand* nötig.
Voor dit onderzoeksproject had de (vrouwelijke) wetenschapper een helder verstand nodig.

Seine Chefin **hatte mehr Verstand in ihrem kleinen Finger als andere Leute in ihrem Kopf.*
Zijn cheffin had meer verstand in haar pink dan andere mensen in hun hoofd.

Wart's nur ab. Der kann euch noch *was vormachen.*
Wacht maar af. Hij kan jullie nog wat wijsmaken.

Sie *sind* aber **auf Zack.*
Zo zo, u staat behoorlijk op scherp.

65. Invloed / Gezag

Ball / Draht / Einfluss / einflussreich / Eminenz / Faden / Finger im Spiel / Gesangbuch / Gewicht / haben / Hand / Hebel / Karten mischen / Verbindung / Vitamin B / Waagschale / Wörtchen / zusammenlaufen

Seine zwei Gesprächspartner *spielten sich gegenseitig die Bälle zu.*
Zijn twee gesprekspartners speelden elkaar de bal toe.

Die Einkaufsleiterin *hat einen guten Draht* zu der Lieferfirma.
De inkoopleidster had een goede band met de leverancier.

Bei der Entscheidungsfindung *konnte ihr Einfluss (überhaupt) nicht hoch genug veranschlagt werden.*
Bij de besluitvorming kon haar invloed in geen geval hoog genoeg ingeschat worden.

Ihm kann nichts passieren. Er *hat einflussreiche Hintermänner.*
Hem kan niets gebeuren. Hij heeft invloedrijke mannen achter zich staan.

Er war die *graue Eminenz* in der Firma.
In deze firma trekt hij aan de touwtjes.

Alle Fäden laufen in der Geschäftsstelle des Vereins *zusammen.*
Alle lijnen komen in het bureau van de vereniging samen.

Der Vorsitzende *hält die Fäden fest in der Hand.*
De voorzitter houdt de touwtjes stevig in handen.

Sie vermuteten, dass hier ihr Konkurrent *seine Finger im Spiel hatte.*
Zij vermoedden dat de concurrent hier een vinger in de pap had.

Sein Verhandlungspartner *hat das richtige Gesangbuch.*
Hij kan het goed vinden met zijn onderhandelingspartner.

Ihre Stimme *hat großes Gewicht.*
Uw stem is van groot belang.

Um die Entscheidung doch noch erzwingen zu können, *warf* er *sein ganzes Gewicht in die Waagschale.*
Om het besluit toch te kunnen forceren, legde hij zijn hele gewicht in de schaal.

Wenn er den Auftrag annimmt, *haben wir ihn da, wo wir ihn haben wollen.*
Als hij de opdracht aanneemt, hebben we hem daar waar we hem willen hebben.

Mit seinen Argumenten *arbeitete* er ihr vollkommem *in die Hand.*
Zijn argumenten werkten haar volkomen in de hand.

Der Lehrer *sitzt* doch immer *am längeren Hebel.*
De leraar trekt toch altijd aan het langste eind.

Er ist derjenige, der die Karten mischt.
Hij is degene die het voor het zeggen heeft.

Er *hatte gute Verbindungen* zum Ministerium.
Hij had goede contacten met het ministerie.

Gegen den kommst du nicht an, der hat *Vitamin B*.
Tegen hem kun je niet op, hij heeft connecties.

In dieser Sache *hat* der zuständige Minister aber auch noch *ein Wörtchen mitzureden*.
In deze zaak heeft de verantwoordelijke minister echter ook nog het een en ander te zeggen.

66. Kapot

Arsch / auseinander fallen / Bestandteil / Binse / Brüche / dran glauben / Eimer / Fetzen / Geist / Glied / hinüber sein / Leim / Schrott / Seifenblase / Stück / Trümmer / vernichten

Die neuen Lautsprecher *waren* schon nach zwei Monaten ***im Arsch*.
De nieuwe luidsprekers waren na twee maanden al naar de kloten.

Der Schrank *fällt an allen Ecken und Kanten auseinander*.
De kast valt aan alle kanten uit elkaar.

Dein Lexikon *löst* sich so langsam aber auch *in alle Bestandteile auf*.
Jouw encyclopedie valt zo langzamerhand uit elkaar.

Dieses Geschäft **geht in die Binsen*.
Dit bedrijf gaat naar de knoppen.

Ihre Beziehung *ging* nach zehn Jahren *in die Brüche*.
Hun verhouding werd na tien jaar verbroken.

Bei dem Kopfsteinpflaster hat sein altes Rad wohl **dran glauben müssen*.
Door die kasseien heeft zijn oude fiets het begeven.

Bei dem Blitzeinschlag musste der neue Fernseher **dran glauben*.
Door de blikseminslag moest de nieuwe televisie eraan geloven.

Mist, jetzt *ist* die Kaffeemaschine **im Eimer*.
Verdorie, nu is het koffiezetapparaat kapot.

Dieser Pulli *ist* doch *nur noch ein Fetzen*.
Deze trui is enkel nog een vod.

Das alte Auto *gab* ausgerechnet mitten in der Nacht *seinen Geist auf*.
De oude auto gaf uitgerekend midden in de nacht de geest.

Die Kette *bricht am schwächsten Glied*.
Een ketting is zo sterk als haar zwakste schakel.

Den Ball kannst du wegschmeißen, der **ist hinüber*.
Die bal kun je weggooien, die is naar de haaien.

Das Regal *geht* so langsam *aus dem Leim*.
Het (boeken)rek begint langzamerhand uit elkaar te vallen.

Sein Auto *ist* nach dem Unfall bestimmt *nur noch Schrott wert*, oder?
Zijn auto is na het ongeluk zeker goed voor de schroothoop, of niet dan?

Ihr Traum vom großen Geld *zerplatzte wie eine Seifenblase*.
Haar droom over het grote geld spatte als een zeepbel uit elkaar.

Die Glasschüssel *zersprang in tausend Stücke*.
De glazen schaal brak in duizend stukken.

Nach der Explosion *lag* eine ganze Häuserkette *in Trümmern*.
Na de explosie lag een hele huizenrij in puin.

Das Falschgeld wurde *vernichtet*.
Het valse geld werd vernietigd.

67. Kiezen

ausgewählt / aussuchen / Auswahl / entschieden / ernennen / küren / nominieren / Stimme / Stimmrecht / Urne / votieren / Votum / Wahl / wählbar / Wahlgang

Seine Chefin wird morgen vor *ausgewähltem Publikum* eine wichtige Rede halten.
Zijn bazin zal morgen voor een uitgelezen publiek een belangrijke redevoering houden.

Er hatte sich die roten Spielsteine *ausgesucht.*
Hij heeft de rode spelstenen uitgekozen.

Die CD *enthielt eine Auswahl* ihrer besten Lieder.
De cd bevatte een selectie van haar beste nummers.

Sie haben *eine Auswahl* aus allen Einsendungen *getroffen.*
Zij hebben een selectie gemaakt uit alle inzendingen.

Für welchen Urlaubsort habt ihr euch *entschieden?*
Voor welk vakantieoord hebben jullie gekozen?

Sie *ernannten* einen neuen Vorstand aus ihrer Mitte.
Zij benoemden uit hun midden een nieuw bestuur.

Die Jury *kürte* die jüngste Kandidatin zur Miss Germany.
De jury riep de jongste kandidate uit tot Miss Germany.

Es sind nur drei Kandidaten *nominiert.*
Er zijn maar drie kandidaten genomineerd.

Die ersten *Stimmen* wurden heute Morgen um 9 Uhr *abgegeben.*
De eerste stemmen werden vanmorgen om 9 uur uitgebracht.

Siebenundsechzig Prozent der Wähler *machten von ihrem Stimmrecht Gebrauch.*
Zevenenzestig procent van de kiezers maakte gebruik van zijn stemrecht.

Die Bevölkerung wurde in diesem Jahr schon zum zweiten Mal *zur Urne gebeten.*
De bevolking werd dit jaar al voor de tweede keer opgeroepen naar de stemlokalen te gaan.

In diesem Bundesland findet erst wieder in zwei Jahren ein *Gang zur Urne* statt.
In deze bondsstaat vindt pas over twee jaar weer een gang naar de stemlokalen plaats.

Das Parlament *votierte* für den Antrag der Regierung.
Het parlement stemde voor het regeringsvoorstel.

Er hatte *sein Votum* bereits *abgegeben.*
Hij had zijn stem al uitgebracht.

Er *hatte mehrere Angebote zur Wahl.*
Hij kon kiezen tussen verscheidene aanbiedingen.

Er *hatte die Wahl* zwischen zwei Schulen.
Hij kon uit twee scholen kiezen.

Es *stellten* sich drei Kandidaten *zur Wahl.*
Er stelden zich drie kandidaten beschikbaar.

Geht ihr dieses Jahr *zur Wahl?*
Gaan jullie dit jaar stemmen?

Ihre *Wahl fiel auf* das grüne Kleid.
Haar keus viel op de groene jurk.

Sie *trafen* ihre *Wahl* einstimmig.
Zij namen een unaniem besluit.

Wer die Wahl hat, hat die Qual.
Kiezen is niet makkelijk.

Dieser Kandidat *ist* für die meisten doch gar *nicht wählbar.*
Deze kandidaat zal door de meesten niet verkozen worden.

Sie erhielt erst im *zweiten Wahlgang* die absolute Mehrheit.
Zij kreeg pas in de tweede kiesronde de absolute meerderheid.

68. Kopen

abkaufen / anschaffen / Besitz / Besorgung / bestechen / beziehen / bieten / decken / sich eindecken / erstehen / ersteigern / erwerben / kaufen / Preis / versorgen / zugreifen / sich zulegen / Zuschlag

Zu gern wollte er ihm dieses Kunstwerk *abkaufen.*
Hij wou dit kunstwerk maar wat graag aan hem overdoen.

Meinst du nicht, wir sollten uns endlich mal einen modernen Kühlschrank *anschaffen?*
Vind je ook niet dat wij eindelijk eens een moderne koelkast moeten aanschaffen?

Mit der Unterzeichnung der Notarsakte *ging* das Haus *in ihren Besitz über.*
Met de ondertekening van de notariële akte werd het huis aan haar overgedragen.

Hast du die *Besorgungen* für die Party schon gemacht?
Heb je de inkopen voor het feest al gedaan?

Er hatte den zuständigen Beamten *bestochen.*
Hij heeft de verantwoordelijke ambtenaar omgekocht.

'Die Zeit' *beziehe* ich schon seit Jahren *(im Abonnement).*
Ik ben al jaren geabonneerd op 'Die Zeit'.

Wer bietet mehr?
Wie biedt meer?

Sie *deckten ihren Bedarf* an Vorräten.
Zij voorzagen in hun voorraadbehoefte.

Er hat *sich* mit einem Vorrat Bier für das Wochenende *eingedeckt.*
Hij heeft een voorraad bier voor het weekeinde ingeslagen.

Dieses Gemälde habe ich auf einer Auktion *erstanden.*
Dit schilderij heb ik op een veiling op de kop getikt.

Diese zwei Vasen habe ich letztes Jahr in Hamburg *ersteigert.*
Deze twee vazen heb ik vorig jaar in Hamburg op een veiling gekocht.

Die ausgestellten Stücke können Sie nicht *erwerben.*
De geëxposeerde stukken zijn niet te koop.

Dieses Bild habe ich *(zu einem sehr guten Preis) erwerben* können.
Dit schilderij heb ik (voor een goede prijs) kunnen bemachtigen.

Dafür *kann* ich mir auch *nichts kaufen.*
Daar kan ik ook niks voor kopen.

Den Kerl werde ich mir kaufen!
Die kerel zal ik het betaald zetten!

Sie *handelten einen guten Preis aus.*
Ze kwamen een goede prijs overeen.

Ihre Tante *versorgte* sie reichlich mit Schokolade.
Haar tante voorzag haar rijkelijk van chocola.

Bei diesem Angebot musste er einfach *zugreifen.*
Deze aanbieding kon hij gewoon niet laten liggen.

Er hat *sich* eine neue Hi-Fi-Anlage *zugelegt.*
Hij heeft een nieuwe stereoset aangeschaft.

Ihr Gebot *erhielt den Zuschlag.*
Zij heeft het hoogste bod gedaan.

69. Koud

abfrieren / Erkältung / Frostbeule / Gänsehaut / Jahreszeit / kalt / Kälte / klappern / Nase / unterkühlt

Sie *frieren* sich hier draußen noch ***den Arsch ab.*
Zij vriezen hier buiten dood.

Von dem feuchtkalten Wetter *holten* sich viele *eine Erkältung*.
Door het waterkoude weer liepen velen een verkoudheid op.

Wenn der Bus nicht bald kommt, *bekomme* ich noch *Frostbeulen (an meine Füße)*.
Als de bus niet snel komt, krijg ik nog wintervoeten.

Jedesmal wenn sich die Wolken vor die Sonne schoben, *bekam* er *eine Gänsehaut*.
Iedere keer als de wolken voor de zon schoven, kreeg hij kippenvel.

Ich liebe die *kalte Jahreszeit*.
Ik houd van de winter.

Das *lässt* sie alles *völlig kalt*.
Dat laat ze allemaal volledig koud.

Die Miete betrug 400 Euro *kalt*.
De kale huur was 400 Euro.

Er ließ die Vorwürfe *kalt an sich herunterlaufen*.
Hij liet de beschuldigingen over zich heenkomen.

In ihrem Hotelzimmer gab es *fließend kaltes und warmes Wasser*.
In haar hotelkamer was koud en warm stromend water aanwezig.

Mach schnell, sonst *wird das Essen kalt*.
Snel, anders wordt het eten koud.

Sein Herz war *kalt wie Stein*.
Hij heeft een hart van steen.

Sie *wurden* schon kurz nach Spielbeginn *kalt erwischt*.
Zij werden al meteen na aanvang van het spel te grazen genomen.

Bibbernd vor Kälte erreichten sie endlich ihr Ziel.
Bibberend van de kou bereikten zij eindelijk hun doel.

Puh, draußen herrscht eine *eisige Kälte*.
Poeh, buiten is het echt ijskoud.

Trotz des dicken Pullovers *klapperte* sie *mit den Zähnen*.
Ondanks de dikke trui was ze aan het klappertanden.

Sie hatte von der Wanderung im Schnee *eine rote Nase bekommen*.
Zij had van de wandeling in de sneeuw een rode neus gekregen.

Du bist ja völlig *unterkühlt*.
Je bent helemaal onderkoeld.

70. Kritiek / Kritiseren

Anlass / aussetzen / bemängeln / Boden / Dreck / Gegenliebe / Gnade / Grund und Boden / Haar / herziehen / Kritik / kritisch / lassen / Meinung / nörgeln / Staub / Wäsche / widersprechen

Es wird noch *genügend Anlass geben* über diesen Artikel zu reden.
Er zal nog genoeg aanleiding zijn om over dit artikel te spreken.

Ständig hast du an meiner Meinung *was auszusetzen*.
Je hebt de hele tijd wat aan te merken op mijn mening.

Was hat der TÜV alles an deinem Auto *bemängelt?*
Wat is er bij de APK allemaal aan je auto afgekeurd?

Diesen Lügner werde ich **ungespitzt in den Boden schlagen!*
Deze leugenaar zal ik helemaal de grond in boren!

Sein Vorschlag *stieß auf wenig Gegenliebe*.
Zijn voorstel kon op weinig begrip rekenen.

Der Gesetzesentwurf *fand* bei den Abgeordneten *keine Gnade*.
Het wetsontwerp vond geen genade bij de afgevaardigden.

Den werde ich *in Grund und Boden rammen.*
Die zal ik eens volledig afkraken.

Das ist so ein Typ, der immer *ein Haar in der Suppe findet.*
Dat is zo'n type dat altijd wel wat aan te merken heeft.

Sie *ließ kein gutes Haar an seinem Benehmen.*
Zij liet geen spaan heel van zijn gedrag.

Das ältere Ehepaar *zog* regelrecht über die Nachbarn *her.*
Het oudere echtpaar viel regelrecht over de buren uit.

Die Taktik des Trainers wurde zur *Zielscheibe der Kritik.*
De tactiek van de trainer werd het doelwit van kritiek.

Dieses Buch muss doch einmal *kritisch hinterfragt* werden.
Dit boek moet toch eens kritisch onder de loep worden genomen.

Kannst du das *nicht* auch mal einfach so *stehen lassen*, wenn ich was sage?
Kun je het niet eens gewoon zo laten, als ik wat zeg?

Sie *lässt nichts*, von dem, was ich sage *gelten.*
Zij trekt zich niets aan van wat ik zeg.

Sie musste bei der Diskussion kräftig *Federn lassen.*
Zij moest tijdens de discussie flink wat veren laten.

Sein Chef *hatte keine hohe Meinung* von seinen Vorschlägen.
Zijn chef had geen hoge dunk van zijn voorstellen.

Du findest auch immer was zu **nörgeln.*
Jij vindt ook altijd wat om over te kankeren.

Pass auf, deine Kollegin will dich vor eurem Chef *in den Staub/Dreck ziehen.*
Pas op, jouw collega wil je ten overstaan van jullie chef door het slijk halen.

Bei der Aussprache wurde noch einmal kräftig *dreckige Wäsche gewaschen.*
Bij de uitspraak werd nog eens flink de vuile was buiten gehangen.

Du musst mir auch immer *widersprechen.*
Je moet me ook altijd tegenspreken.

71. Kunnen

im Bereich des Möglichen / bewältigen / Dreh / dürfen / gewachsen sein / Griff / helfen / imstande / können / Lage / links / los / Macht / schütteln / verstehen / Weg / zeichnungsberechtigt

Ein neuer Weltrekord liegt *im Bereich des Möglichen.*
Een nieuw wereldrecord ligt binnen bereik.

Halten sie sich fähig, diese Aufgabe zu *bewältigen?*
Achten zij zich in staat deze opgave te volbrengen?

Nach einer Woche üben *hatte* er *den Dreh* endlich *raus.*
Na een week oefenen had hij het eindelijk door.

Darfst du den Safe überhaupt öffnen?
Mag jij de kluis eigenlijk wel openmaken?

Sie suchten einen Vorsitzenden, der *den* hohen *Anforderungen gewachsen war.*
Ze zochten een voorzitter die aan de hoge eisen kon voldoen.

Sie *hat* ihre Arbeit *(voll und ganz) im Griff.*
Zij heeft haar werk (volkomen) onder controle.

Seine Frau *wusste sich* immer irgendwie *zu helfen.*
Zijn vrouw wist zich op de een of andere manier altijd te redden.

***Du kannst mich mal! (am Arsch lecken!/gern haben!)*
Je kunt me wat! (Lik m'n reet!/Je kunt mijn rug op!)

Denken Sie, dass Sie diesen Anforderungen gerecht werden *können?*

Denkt u dat u aan deze eisen kunt voldoen?

Nachdem der Ball in die Fensterscheibe geflogen war, rannten sie, *was/so schnell sie konnten.*

Nadat de bal door de ruit was gevlogen, renden zij zo hard als ze konden weg.

Wird der neue Spieler die *(hohen) Erwartungen erfüllen können?*

Zal de nieuwe speler aan de (hoge) verwachtingen kunnen voldoen?

Der Abiturient *war imstande* auch diese Frage zu beantworten.

De examenkandidaat was in staat ook deze vraag te beantwoorden.

Sie *war in der Lage*, dieses Problem zu lösen.

Zij was in staat dit probleem op te lossen.

Diese Klausur schaffte er *mit links.*

Dit tentamen haalde hij zonder moeite.

Die Neue in der Mannschaft **hat (ganz schön) was los.*

De nieuwe in de ploeg heeft heel wat noten op zijn zang.

Er *hat* ganz einfach *die Macht dazu*, verstehst du?

Hij heeft gewoon de macht om dat te doen, snap je?

Das *schüttelt* sie doch (kurz) *aus dem Ärmel!*

Dat schudt ze toch (even) uit haar mouw!

Der *versteht sein Handwerk.*

Hij verstaat zijn vak.

Sie *verstand sich auf ihr Fach.*

Zij verstond haar vak.

Er *wusste (immer) einen Weg*, um zum Ziel zu gelangen.

Hij wist (altijd) een manier om zijn doel te bereiken.

Der Abteilungsleiter *war* bis zu einer Höhe von 50.000,- *zeichnungsberechtigt.*
De afdelingschef was tot een bedrag van 50.000,- bevoegd om te ondertekenen.

72. Laat / Vroeg

Abend / beizeiten / fahrplanmäßig / Frühaufsteher / Frühe / Hahnenschrei / letzte / Morgen / rechtzeitig / Rückstand / Sonnenaufgang / spät / Tagesanbruch / Toresschluss / überfällig / Verspätung / vorgerückt / Zeit

Die Entscheidung fiel erst *am späten Abend.*
De beslissing viel pas laat op de avond.

Wegen der Bombendrohung fuhr kein Zug mehr *fahrplanmäßig.*
Vanwege de bommelding reed geen trein meer volgens dienstregeling.

Im letzten Augenblick sprang sie noch in den Zug.
Op het laatste moment sprong ze nog in de trein.

Hast du deine Hausarbeit dieses Mal *rechtzeitig* abgeliefert?
Heb je je huiswerk deze keer op tijd ingeleverd?

Sie *sind* mit ihren Raten *im Rückstand.*
U bent te laat met uw termijnbetalingen.

Dafür *ist* es *nie zu spät.*
Daarvoor is het nooit te laat.

Sie *waren* schon viel *zu spät dran.*
Ze waren al veel te laat.

Es gibt immer solche Leute, die erst *kurz vor Toresschluss* noch einkaufen gehen.
Er zijn altijd van die mensen die vlak voor sluitingstijd nog inkopen gaan doen.

Ihre Zahlungen sind *überfällig*.
Uw betalingen zijn te laat.

Das Flugzeug hatte mehr als eine Stunde *Verspätung*.
Het vliegtuig had meer dan een uur vertraging.

Sie brachten ihre Kinder heute erst *zu vorgerückter Stunde* ins Bett.
Zij brachten hun kinderen vandaag pas laat naar bed.

Die Nachbarn machten *zu nachtschlafender Zeit* immer noch Lärm.
De buren maakten in de nachtelijke uren nog steeds lawaai.

Es ist/wird *höchste Zeit*, dass wir endlich nach Hause gehen.
Het is/wordt hoog tijd dat we eindelijk naar huis gaan.

Jetzt galt es, *keine Zeit mehr* zu *verlieren*.
Nu kwam het erop aan geen tijd meer te verliezen.

Wir wollen zusehen, dass wir morgen *beizeiten* aufstehen.
Wij willen erop toezien dat we morgen bijtijds opstaan.

Er war ein echter *Frühaufsteher*.
Hij was echt een ochtendmens.

In aller Frühe trafen sich die Jugendlichen zum Gottesdienst.
In alle vroegte troffen de jongeren elkaar voor de godsdienstoefening.

Morgen brechen wir *in aller Frühe* in den Urlaub auf.
Morgen gaan we in alle vroegte op vakantie.

Beim ersten Hahnenschrei sprang sie aus den Federn.
Bij het krieken van de dag was al ze uit de veren.

Sie gingen erst *am frühen Morgen* ins Bett.
Ze gingen pas in de vroege morgen naar bed.

Bei Sonnenaufgang marschierten sie los.
Bij zonsopgang vertrokken zij te voet.

Die streikenden Arbeiter versammelten sich *bei Tagesanbruch* zum Demonstrationszug.
De stakende arbeiders verzamelden zich bij het krieken van de dag voor de demonstratieoptocht.

73. Lachen

Auge / Gelächter / Können vor Lachen / lachen / Lachen / Schießen

Bei der Kabarettvorstellung *blieb kein Auge trocken.*
Tijdens de cabaretvoorstelling had men tranen in de ogen van het lachen.

Er *brach in schallendes Gelächter aus* über den Witz.
Door de mop barstte hij in een bulderend gelach uit.

Kannst du mir Geld leihen? **Können vor Lachen.*
Kun je me geld lenen? Ik zou wel willen, maar ik kan het niet.

**Da lachen ja die Hühner!*
Dat is toch belachelijk!

**Dass ich nicht lache!*
Laat me niet lachen!

Das soll wohl ein Witz sein? Da *kann* ich doch *nur drüber lachen.*
Moet dat een grap zijn? Daar kan ik alleen maar om lachen.

Das wäre ja/doch gelacht, wenn wir das nicht hinkriegen würden.
Het zou toch al te gek zijn als we dat niet voor elkaar konden krijgen.

Der hat gut lachen, der hat ja auch keine Probleme.
Hij heeft makkelijk praten, hij heeft ook geen problemen.

Die Kinder *lachten lauthals* während des Kasperltheaters.
De kinderen lachten luidkeels tijdens de poppenkastvoorstelling.

Du *lachst dich (halb) krank*, wenn ich dir das erzähle.
Je lacht je ziek, als ik je dat vertel.

Er *lachte Tränen* über diesen Witz.
Hij lachte zich de tranen in de ogen om deze mop.

Sie *lachten, dass die Wände wackelten.*
Ze lachten zich kapot.

Wenn der erst mal im Knast sitzt, *hat* er *nichts mehr zu lachen.*
Tegen de tijd dat hij in de bak zit, vergaat hem het lachen wel.

Er musste sich *den Bauch halten vor Lachen.*
Hij was aan het schuddebuiken van het lachen.

Jetzt lass doch endlich mal dein *dreckiges Lachen.*
Haal nu eindelijk eens die valse grijns van je gezicht.

Sie haben sich *gebogen vor Lachen.*
Ze lagen dubbel van het lachen.

Sie wäre fast *geplatzt vor Lachen.*
Zij stikte haast van het lachen.

Sie *machten sich vor Lachen (beinahe) in die Hose.*
Ze deden het bijna in hun broek van het lachen.

Das ist ja zum Schießen.
Dat is toch om te brullen.

74. Langzaam

mit Geduld und Spucke / Gemütsruhe / harren / Länge / langsam / Ruhe / Schneckentempo / stürmisch / Tag / Tee / überstürzen / einen Zahn zulegen / Zeit

Mit Geduld und Spucke, fängt man eine Mucke.
Geduld is een schone zaak.

Der Beamte erledigte seine Arbeit *in aller Gemütsruhe.*
De ambtenaar volbracht zijn werk in alle rust.

Er *harrte der Dinge, die da kommen* sollten.
Hij wachtte op wat komen zou.

Der Verwaltungsaufwand *zog* das Projekt gehörig *in die Länge.*
Het vele administratieve werk vertraagde het project aanzienlijk.

So langsam verstehe ich, worum es hier eigentlich geht.
Langzaamaan begin ik te begrijpen waar het hier eigenlijk om gaat.

Immer mit der Ruhe/Nur nicht so stürmisch/Nun mal langsam/Nur nichts überstürzen!
Rustig aan/niet zo haastig/even rustig/vooral niets overhaasten!

Bei denen geht doch alles nur *im Schneckentempo.*
Bij hun gaat alles in een slakkengangetje.

Morgen ist auch noch ein Tag.
Morgen is er weer een dag.

Das einzige, was ich jetzt noch tun kann, ist *abwarten und Tee trinken.*
Het enige wat ik nu nog kan doen, is afwachten.

Wenn er dieses Rennen noch gewinnen will, dann muss er schon noch *einen Zahn zulegen.*
Als hij deze wedstrijd nog wil winnen, moet hij er nog wel even flink aan trekken.

Sie *nahm sich alle Zeit der Welt.*
Ze nam alle tijd van de wereld.

75. Lawaai / Luid

brüllen / Detonation / Dröhnen / Geschrei / Getöse / Höllenlärm / hörbar / johlend / Kehle / Krach / krakeelen / Krawall / kreischend / Lärm / Laut / laut / lauthals / markerschütternd / ohrenbetäubend / polternd / Radau / schallend / schreien / unüberhörbar

Die Kinder in der Zirkusvorstellung *brüllten vor Lachen.*
De kinderen bulderden van het lachen bij de circusvoorstelling.

Die *Detonation* der Bombe war in allen Vierteln der Stadt zu hören.
De detonatie van de bom was in alle wijken van de stad te horen.

Er hatte noch zwei Tage nach dem Besuch in der Disco ein *Dröhnen* in den Ohren.
Nog twee dagen na zijn bezoek aan de disco hoorde hij het dreunen in zijn oren.

Durch das panische *Geschrei* der Leute, konnte der Polizist nicht feststellen, was geschehen war.
Door het paniekerige geschreeuw van de mensen kon de politieagent niet vaststellen wat er was gebeurd.

Durch das *Getöse* der Flugzeugturbinen, konnten sie einander nicht verstehen.
Door het kabaal van de vliegtuigturbines konden zij elkaar niet verstaan.

Die Rammaschine, mit der die Bauarbeiter zur Zeit arbeiten, macht einen *Höllenlärm.*
De heimachine waarmee de bouwvakkers op het moment werken, maakt een vreselijke herrie.

Der Zeuge wird gebeten, *deutlich hörbar* zu sprechen.
De getuige wordt gevraagd duidelijk verstaanbaar te spreken.

Johlend taumeln die zwei Betrunkenen durch die nächtlichen Straßen.

Joelend zwalken de twee dronken figuren door de nachtelijke straten.

Aus voller Kehle sangen die Mitglieder des Gesangvereins der Vorsitzenden ein Ständchen.

Uit volle borst zongen de leden van de zangvereniging een aubade voor de (vrouwelijke) voorzitter.

Könntest du etwas leiser in der Küche arbeiten, bei dem *Krach* kann ich mich nicht konzentrieren.

Zou jij wat zachter kunnen doen in de keuken, want bij dit lawaai kan ik me niet concentreren.

Die Meiers streiten sich schon wieder. Man hört sie bis auf die Straße *krakeelen.*

De Meiers hebben alweer ruzie. Je kunt ze zelfs op straat horen kibbelen.

Mach nicht so einen *Krawall*, wenn du schon diese schreckliche Musik hören musst.

Maak niet zo'n kabaal als je al deze verschrikkelijke muziek moet aanhoren.

Auf einmal hörten wir *kreischende* Bremsen und einen *lauten Knall.*

Opeens hoorden wij gierende remmen en een harde klap.

Die Kinder von den Nachbarn *machen* immer einen schrecklichen *Lärm.*

De kinderen van de buren maken altijd vreselijk veel lawaai.

Die Geiseln hatten große Angst, daher *gab* niemand mehr *einen Laut von sich.*

De gegijzelden waren heel erg bang, daarom gaf niemand meer een kik.

Mein Großvater ist schwerhörig, deshalb muss ich immer *laut sprechen.*

Mijn grootvader hoort niet meer goed, daarom moet ik altijd heel hard praten.

Schon vor dem Wettkampf erklären beide Boxer sich *lauthals* zum Sieger.

Al voor de wedstrijd verklaren beide boksers luidkeels dat ze zelf zullen winnen.

Ein *markerschütternder* Schrei riss die Anwohner des Viertels aus dem Schlaf.

Een schreeuw, die door merg en been ging, deed de wijkbewoners uit hun slaap opschrikken.

Mit einem *ohrenbetäubenden* Lärm fiel der Turm in sich zusammen.

Met een oorverdovend lawaai zakte de toren in elkaar.

Polternd und *schreiend* kamen die zwei Jungs die Treppe herunter.

Herrie makend en schreeuwend kwamen de twee jongens de trap af.

Im Garten können die Jugendlichen soviel *Radau machen*, wie sie wollen.

In de tuin kunnen de jongeren zoveel herrie maken als zij willen.

Die letzte Bemerkung des Philosophen ging schon im *schallenden* Gelächter unter.

De laatste opmerking van de filosoof ging al onder in schaterend gelach.

Du brauchst nicht so zu *schreien*, ich verstehe dich sehr gut.

Je hoeft niet zo te schreeuwen, ik versta je heel goed.

Wenn Ulrike da ist, wirst du es schon merken, denn sie ist *unüberhörbar*.

Als Ulrike er is, dan zul je het wel merken, want je hoort haar overal.

76. Leeg / Vol

ausfliegen / ausfüllen / banal / belegen / besetzen / dunkel / flach / frei / hohl / inhaltslos / leer / leeren / nichtssagend / randvoll / tief / überfüllt / übersät / unbeschrieben / unbesetzt / unbewohnt / üppig / vakant / verlassen / voll / Vollmond / wimmeln

Als ich nach Hause kam, waren alle *ausgeflogen.*
Toen ik thuiskwam was iedereen weg.

Die Leitung ist im Moment *besetzt/belegt.* Möchten Sie warten?
De lijn is op dit moment bezet. Wilt u wachten?

Das Buch hat keine wirkliche Aussage. Es ist *flach/banal/hohl.*
Het boek heeft geen werkelijke boodschap. Het is plat/banaal/hol.

Die Stelle ist im Augenblick *frei/unbesetzt/vakant.*
De baan is op het ogenblik vrij.

Den gestrigen Vortrag fand ich vollkommen *inhaltslos.*
De lezing van gisteren vond ik absoluut zonder inhoud.

Dieses Haus *steht* schon seit zwei Jahren *leer.*
Dit huis staat al twee jaar leeg.

Kannst du mir mal ein *leeres/unbeschriebenes* Blatt Papier geben?
Kun jij mij een blanco vel papier geven?

Was du sagst, sind immer nur *leere/nichtssagende* Worte.
Wat jij zegt, zijn altijd uitsluitend lege/nietszeggende woorden.

Zu zweit hatten sie an diesem Abend vier Flaschen Wein *geleert.*
Met z'n tweeën hadden zij die avond vier flessen wijn leeggedronken.

Das Dorf ist seit Jahren *verlassen* und *unbewohnt.*
Het dorp is sinds jaren verlaten en niet meer bewoond.

Inge *führt ein* ziemlich *ausgefülltes Leben*, findest du nicht auch?
Inge leidt een behoorlijk druk leven, vind je ook niet?

In dieser Kneipe machen sie die Gläser immer *randvoll.*
In deze kroeg schenken zij de glazen altijd tot de rand toe vol.

Da die Busfahrer streiken, sind die Züge vollkommen *überfüllt.*
Omdat de buschauffeurs staken, zijn de treinen overvol.

Durch den Ausschlag war ihre Haut *übersät* mit Pickeln.
Door het eczeem zat haar huid vol met pukkels.

Der Maler suchte ein Modell mit *vollen, üppigen* Formen.
De schilder zocht een model met een mollig, weelderig figuur.

Ihre Stimme hat einen angenehm *vollen/tiefen/dunklen* Klang.
Haar stem heeft een prettige volle/diepe/lage klank.

Im Karneval sind alle Lokale *zum Bersten voll.*
Tijdens carnaval puilen alle cafés en restaurants uit.

Bei *Vollmond* schlafe ich immer sehr schlecht.
Bij volle maan slaap ik altijd heel slecht.

In der Stadt *wimmelt* es heute nur so von Menschen.
In de stad krioelt het van de mensen.

77. Lelijk

abstoßend / benachteiligen / Boxernase / dissonant / entsetzlich / falsch / fratzenhaft / furchtbar / Grimasse / hässliches Entlein / potthässlich / schau(d)erlich / scheußlich / unästhetisch / unproportioniert / unschön / unvorteilhaft / widerlich / widerwärtig

Deine Äußerung hierzu ist wirklich *abstoßend.*
Jouw opmerking in dezen is werkelijk weerzinwekkend.

Sie *wurde von der Natur ein wenig benachteiligt.*
Zij is door moeder natuur een beetje benadeeld.

Der Chansonsänger hatte eine richtige *Boxernase.*
De chansonnier had een boksersneus.

Das Musikstück war ziemlich *dissonant.*
Het muziekstukje was erg dissonant.

Der Käse stank *entsetzlich.*
De kaas stonk vreselijk.

Die Gitarre klang wie *falsch gestimmt.*
De gitaar klonk alsof hij niet goed gestemd was.
Der Schauspieler kam mit einem *fratzenhaften* Gesicht auf die Bühne.
De acteur kwam met een grimas op de bühne.

Diese Musik ist so *furchtbar.* Das kann man sich nicht anhören.
Deze muziek is zo vreselijk. Daar is niet naar te luisteren.

Das Gesicht des Kochs verzog sich beim Probieren der Sauce zu einer *Grimasse.*
De kok vertrok zijn gezicht toen hij de saus proefde.

Sie wurde als Kind immer als *hässliches Entlein* bezeichnet.
Zij werd als kind altijd een lelijk eendje genoemd.

Dieser Hut ist *potthässlich.*
Deze hoed is foeilelijk.

Die Vorstellung war *schau(d)erlich.*
De voorstelling was vreselijk.

Dieses Bild ist einfach *scheußlich!*
Dit beeld is gewoonweg afschuwelijk!

Die Kugelstoßerin hatte eine *unästhetische* Gestalt.
De kogelstootster had een onesthetisch figuur.

Das Kleid war vollkommen *unproportioniert.*
De jurk had totaal geen verhoudingen.

Den Müllmännern bot sich nach der Feier ein *unschönes* Bild auf den Straßen.
Wat de vuilnismannen na het feest op straat zagen, was niet mooi meer.

Seine Figur ist etwas *unvorteilhaft*.
Zijn figuur is weinig flatterend.

Er hatte so einen *widerlichen*, modernen Anzug an.
Hij droeg zo'n vreselijk, modern kostuum.

Nimm endlich dein *widerwärtiges* Grinsen aus dem Gesicht.
Haal die vreselijke grijns van je gezicht.

78. Leren

auslernen / begreifen / beibringen / brüten / Buch / büffeln / darstellen / einführen / eintrichtern / erschließen / Holzhammermethode / Lehre / lernen / Nachhilfestunde / nachschauen / Schulbank / studieren / unterrichten / vorkauen / Wissen / Wissensdurst

Tja, *man lernt (eben) nie aus.*
Tja, men is nooit uitgeleerd.

Denen werden wir schon noch Zucht und Ordnung *beizubringen* wissen!
We zullen ze zeker nog tucht en orde bijbrengen!

Die Abiturientin *brütete* bestimmt schon seit zwei Wochen jeden Tag an ihrem Schreibtisch.
De scholiere zat zeker al sinds twee weken iedere dag boven haar boeken.

Den ganzen Tag *sitzt/hockt* er *über seinen Büchern.*
De hele dag hangt hij boven zijn boeken.

Für das Abitur müssen sie sicher eine ganze Zeitlang *büffeln.*
Voor het eindexamen moeten zij zeker een hele tijd hard blokken.

Wenn man ihm etwas anschaulich *darstellt*, lernt er diese Dinge spielend.

Als men hem iets aanschouwelijk maakt, pikt hij deze dingen spelenderwijs op.

Der Meister *führte* seine Lehrlinge in das neue Aufgabengebiet *ein*.

De voorman maakte zijn leerlingen vertrouwd met het nieuwe werkterrein.

Er *trichterte* ihnen zwei Stunden lang die Formeln *ein*.

Gedurende twee uur pompte hij bij hen de formules erin.

Der Redner *erschloss* seinen Zuhörern ein völlig neues Wissen.

De spreker introduceerde een volstrekt nieuwe wetenschap aan zijn publiek.

Als nichts mehr half, versuchte sie ihnen den Stoff **mit der Holzhammermethode einzutrichtern/einzubläuen*.

Toen niets meer hielp, moesten ze de stof simpelweg in hun hoofd stampen.

Er *ging* bei einem angesehenen Schreinermeister *in die Lehre*.

Hij was bij een gerenommeerd meubelmaker in de leer.

Nicht für die Schule, für das Leben lernen wir.

Wij leren niet voor school maar voor het leven.

In Englisch musste er *Nachhilfestunden* nehmen.

Voor Engels moest hij bijlessen nemen.

Dann nimm halt ein Buch zur Hand, und *schau nach*, wie das geht.

Haal dan eens een boek en bekijk hoe dat gaat.

Sie *drückten* für ihre Fortbildung noch einmal *die Schulbank*.

Zij gingen voor hun bijscholing nog één keer naar school.

Ein voller Bauch studiert nicht gern.

Met een volle maag is het slecht studeren.

Der Referendar *unterrichtete* Deutsch und Geschichte.
De leraar in opleiding gaf les in de vakken Duits en geschiedenis.

Jetzt hatte er es ihm schon fünfmal *vorgekaut*, und er hatte es immer noch nicht *begriffen*.
Nu had hij het hem al vijf keer voorgekauwd en nog steeds begreep hij er niets van.

Der Kursleiter *vermittelte* ihnen das *Wissen* auf interessante Art und Weise.
De leider van de cursus bracht de stof op een interessante manier.

Der Sohn stillte seinen *Wissensdurst* mit ständigen Fragen an seinen Vater.
De zoon stilde zijn leergierigheid door zijn vader telkens vragen te stellen.

79. Leuk

drollig / dufte / gern / heiter / hübsch / lustig / nett / reizend / schön / seelenruhig / Spaß machen / Witzbold / witzig

Die Kleine fängt gerade an zu sprechen. Sie macht viele *drollige* Bemerkungen.
De kleine begint net te praten. Ze maakt een hoop schattige opmerkingen.

Wir genießen unseren Urlaub, denn es ist hier **dufte*.
Wij genieten van onze vakantie, want het is hier ontzettend leuk/tof/gaaf.

Abwaschen ist deine Arbeit, auch wenn du es nicht *gerne* tust.
Afwassen is jouw taak, ook al vind je het niet leuk.

Meine Verwandten bleiben eine Woche länger. Na, **das kann (ja) heiter werden*.
Mijn familie blijft een week langer. Nou, dat kan leuk worden.

Meine Oma hat mir ein *hübsches* Sümmchen vererbt.
Ik heb van mijn oma een leuk bedragje geërfd.

Der Abteilungsleiter machte am laufenden Band *lustige* Witze.
De afdelingschef vertelde voortdurend leuke moppen.

Was für einen *lustigen* Hut trägst du da.
Wat een leuke hoed heb jij op.

Nett von dir, dass du so einfach vorbeikommst.
Leuk van je, dat je zomaar langskomt.

Wir müssen leider gehen, aber es war wirklich ein *netter* Abend.
Wij moeten helaas gaan, maar het was werkelijk een leuke avond.

Unsere neuen Nachbarn haben wirklich *reizende* kleine Kinder.
Onze nieuwe buren hebben werkelijk leuke kleine kinderen.

Ich hoffe, dass mein Geburtagsfest im nächsten Jahr auch so *schön* wird.
Ik hoop dat mijn verjaardagsfeestje volgend jaar ook zo leuk wordt.

Wir hatten schon geglaubt, Uwe wäre weggelaufen, aber dann kam er drei Stunden später *seelenruhig* hereinmarschiert.
Wij hadden al gedacht dat Uwe was weggelopen, maar na drie uur kwam hij doodleuk binnenlopen.

Hör jetzt auf mit deinen dummen Witzen, das *macht* keinen *Spaß* mehr.
Houd eens op met je stomme moppen, dat is niet leuk meer.

Es *macht* mir *Spaß* an meiner neuen Arbeitsstelle.
Ik vind mijn nieuwe baan leuk.

Was bist du wieder für ein **Witzbold* heute.
Wat ben jij weer leuk vandaag, zeg.

Haha, du denkst wohl auch, dass du *besonders witzig bist!*
Haha, jij denkt zeker ook dat jij de leukste thuis bent!

Vielen Dank für das Buch. Es ist wirklich sehr *witzig*.
Bedankt voor het boek. Het is echt heel grappig.

80. Lijden

aushalten / down sein / Ende / erspart bleiben / ertragen / Häufchen Elend / Herz / Hölle auf Erden / Joch / Kopfschmerzen / Kreuz / Leben / Los / mitmachen / Schatten / übel / zerrissen

Sie konnte die Schmerzen einfach nicht mehr *aushalten*.
Zij kon de pijn gewoon niet meer verdragen.

Nach der schweren Klausur *war* die halbe Klasse völlig **down*.
De halve klas was na het moeilijke tentamen helemaal down.

Das muss sie jetzt ganz alleine bis *zum bitteren Ende* durchstehen.
Dat moet zij nu helemaal alleen tot het bittere einde doorstaan.

Ihr *bleibt* aber auch wirklich *nichts erspart*.
Haar blijft ook werkelijk niets bespaard.

Er hat schon viel Leid *ertragen* müssen.
Hij heeft al veel leed moeten verdragen.

Sie saß da wie *ein Häufchen Elend*.
Zij zat er bij als een hoopje ellende.

Der Kummer *nagt* schon lange *an ihrem Herzen*.
Het verdriet knaagt al lang aan haar.

Der Tod ihres Mannes *brach* ihr *das Herz*.
De dood van haar man brak haar hart.

In seinen Alpträumen erlebte er die *Hölle auf Erden*.
In zijn nachtmerries beleefde hij de hel op aarde.

Mit dem Tod seiner Frau wurde ihm *ein schweres Joch aufgebürdet.*
Met de dood van zijn vrouw werd hem een juk op de schouders gelegd.

Die morgige Klausur *bereitet* allen *Kopfschmerzen.*
Iedereen maakt zich zorgen over het tentamen van morgen.

So hat jeder *sein Kreuz* zu *tragen.*
Iedereen heeft zijn kruis te dragen.

Er hatte bei dem Autounfall ein kleines Mädchen so schwer verletzt, dass er *seines Lebens nicht mehr froh wurde.*
Bij het ongeluk had hij een klein meisje zo zwaar verwond, dat hij geen levensvreugde meer kon vinden.

Ihre Schmerzen machten ihr *das Leben zur Hölle.*
Haar pijn maakte haar leven tot een hel.

Sein Chef *machte* ihm mit seinen hohen Anforderungen *das Leben schwer.*
Zijn baas maakte hem met zijn hoge eisen het leven moeilijk.

Die Arbeitslosigkeit zu ertragen war ein *hartes Los* für ihn.
Het was voor hem een hele beproeving om z'n werkloosheid te verdragen.

Sie muss in letzter Zeit einiges *mitmachen.*
Zij heeft de laatste tijd heel wat te verduren.

Nach dem schweren Unfall *war* er nur noch *ein Schatten seiner selbst.*
Na het zware ongeluk was hij zichzelf niet meer.

Seine Gesundheit *spielte* ihm *übel mit.*
Zijn gezondheid speelde hem parten.

Er war in dieser Glaubenssache *innerlich zerrissen.*
Hij was in deze geloofskwestie innerlijk verscheurd.

81. Maken

anfangen können / ausmachen / Bock / einhalten / erledigen / herbeiführen / herstellen / kreieren / Lachen / machen / produzieren / reparieren / schaffen / schlecht abschneiden / Termin / Zeit

Hiermit *kann* ich nichts *anfangen.*
Hiermee kan ik niets beginnen.

Macht es dir was *aus*, wenn ich später komme?
Maakt het je wat uit als ik later kom?

Der Politiker hat *einen Bock geschossen.*
De politicus heeft een blunder gemaakt.

Kannst du dieses Versprechen *einhalten?*
Kun je deze belofte waarmaken?

Für einen Vertragsabschluss müssen nur noch Formalitäten *erledigt* werden.
Om het contract af te sluiten moeten er alleen nog formaliteiten afgehandeld worden.

Diese Entscheidung hat eine Wende *herbeigeführt.*
Deze beslissing heeft een ommekeer teweeggebracht.

Er hat eine Begegnung zwischen den Leitern der verfeindeten Parteien *herbeigeführt.*
Hij heeft een ontmoeting tussen de leiders van de vijandige partijen tot stand gebracht.

Unsere Fabrik *stellt* Maschinen von guter Qualität *her.*
Onze fabriek produceert kwaliteitsmachines.

Wie willst du jemals *wieder* eine gute Beziehung zu ihm *herstellen* können?
Hoe wil je ooit weer een goede relatie met hem opbouwen?

In Paris wurde wie jedes Jahr wieder eine neue Wintermode *kreiert*.
In Parijs werd net als elk jaar weer de nieuwe wintermode ontworpen.

Der Fotograf versuchte das Kind *zum Lachen zu bringen*.
De fotograaf probeerde het kind aan het lachen te maken.

Das kannst du doch nicht machen!
Maak het nou!

Der Stürmer hat zwei Tore *gemacht*.
De aanvaller heeft twee doelpunten gemaakt.

Wir wollen der Sache jetzt *ein Ende machen*.
We willen nu een eind aan de zaak maken.

Wo wird dieses Papier *produziert?*
Waar wordt dit papier geproduceerd?

Können Sie meinen Wagen bis morgen *reparieren?*
Kunt u mijn auto voor morgen repareren?

Die Regierung will mit ihrem Strukturprogramm neue Arbeitsplätze *schaffen*. (ZWAK)
De regering wil met haar structuurprogramma nieuwe arbeidsplaatsen creëren.

Gott *schuf* Himmel und Erde (SCHAFFEN, ZWAK).
God schiep hemel en aarde.

Hat er es *geschafft?* (SCHAFFEN, STERK).
Heeft hij het gehaald?

Jeden Tag *schafft* er es wieder aufs Neue (SCHAFFEN, ZWAK).
Hij krijgt het iedere dag weer voor elkaar.

Petra hat bei der letzten Prüfung *schlecht abgeschnitten*.
Petra heeft bij het laatste tentamen een slechte beurt gemaakt.

Er hat mit dem Vorsitzenden einen *Termin ausgemacht*.
Hij heeft een afspraak gemaakt met de voorzitter.

Dann *nimmst* du dir halt die *Zeit!*
Dan maak je maar tijd!

82. Moed

Eisen / Herz / Manns / Mumm in den Knochen / Mut / Schneid / Schritt / unerschrocken / wagen

Du *fasst* mit deinem Artikel *ein* viel zu *heißes Eisen an!*
Je artikel gaat wel over een erg heet hangijzer!

Der Fussballspieler *faßte sich ein Herz* und schoss.
De voetballer deed met de moed der wanhoop een schot.

Peter *nahm sein Herz in beide Hände*, bevor er das Zimmer seines todkranken Vaters betrat.
Peter raapte al zijn moed bij elkaar voor hij de kamer van zijn doodzieke vader binnenging.

Er *war zumindest Manns genug*, sich bei ihr für seinen Fehler zu entschuldigen.
Hij was tenminste mans genoeg om zich bij haar voor zijn fout te verontschuldigen.

Der neue Stürmer *hat* wirklich **Mumm in den Knochen.*
De nieuwe spits heeft behoorlijk lef in z'n donder.

Dazu fehlt ihm der Mut.
Daar heeft hij het lef niet voor.

Er ging nach seiner Krankheit wieder *mit frischem Mut* an die Arbeit.
Nadat hij beter was, ging hij weer met frisse moed aan de slag.

Er musste *all seinen Mut zusammennehmen*.
Hij moest al zijn moed verzamelen.

Nachdem er sich *Mut angetrunken* hatte, rief er sie an.
Nadat hij zich moed ingedronken had, belde hij haar op.

Seine Schwester fuhr *guten Mutes* in Urlaub.
Zijn zus ging vol goede moed op vakantie.

Sie *flößte sich selbst* vor der Führerscheinprüfung *Mut ein.*
Zij sprak zichzelf moed in voor haar rijexamen.

Aber **Schneid* hat er, das muss man ihm lassen.
Hij heeft wel lef in z'n donder, dat moet je hem nageven.

Er *wagte den entscheidenen Schritt* und gewann.
Hij durfde de beslissende stap te nemen en won.

Er wollte der Wahrheit *unerschrocken ins Auge sehen/schauen.*
Hij wilde de waarheid onbevreesd onder ogen zien.

Wage es bloß nicht zu spät zu kommen!
Waag het niet om te laat te komen!

83. Moeilijk

beißen / einfach / eins-zwei-drei / haben / Haken / kauen / knabbern / Last / Mühe / Nuss / Pappenstiel / Problem / problematisch / Sache / sagen / schwer / Schwierigkeiten / schwierig / verzwickt / zäh

Das ist nicht so einfach, wie du dir das vorstellst.
Dat is niet zo makkelijk als je denkt.

Ich kann dieses Auto *nicht* so *eins-zwei-drei* reparieren.
Ik kan deze auto niet een-twee-drie repareren.

Die Mathe-Klausur *hatte es (aber) in sich.*
Het tentamen wiskunde was hartstikke moeilijk.

Diese Sache *hat einen Haken.*
Hier zitten nog wat haken en ogen aan.

An diesem Diktat werden Sie *zu knabbern/ beißen/ kauen haben.*
Aan dit dictee zult u een zware kluif hebben.

Sie *fällt* mir nicht mehr zur *Last*.
Zij is me niet meer tot last.

Die Babysitterin *hatte ihre liebe Mühe* die Kinder im Zaum zu halten.
De oppas had de grootste moeite om de kinderen in toom te houden.

Er hat *Mühe* mit dem Lesen dieses schwierigen Textes.
Hij heeft moeite met het lezen van deze moeilijke tekst.

Da hast du ja *eine (ganz schön) harte Nuss* zu *knacken!*
Daar zul je nog een zware dobber aan hebben!

Das ist kein Pappenstiel!
Dat is geen kinderspel!

Dieses *Problem* muss sofort gelöst werden.
Dit probleem moet direct worden opgelost.

Was du da sagst, *finde* ich wirklich *problematisch*.
Wat je daar zegt, vind ik echt problematisch.

Das ist nicht jedermanns Sache.
Dat kan echt niet iedereen.

Das ist leichter gesagt als getan!
Dat is makkelijker gezegd dan gedaan!

Die Klausur war aber *schwer*, was!
Dit tentamen was niet te doen, zo moeilijk!

Schwer atmend erreichte der Radfahrer sein Ziel.
Zwaar ademend bereikte de fietser zijn doel.

Deine Diplomarbeit war wirklich *eine (ganz) schwere Geburt*.
Je doctoraalscriptie was een (hele) zware bevalling.

Er brachte mich damit in *Schwierigkeiten*.
Hij bracht me daarmee goed in de problemen.

Eine solche Lösung bleibt in politischer Hinsicht *schwierig*.
Een dergelijke oplossing blijft in politiek opzicht lastig.

Er befindet sich in einer *schwierigen* Lage.
Hij bevindt zich in een moeilijke positie.

Das Problem ist *verzwickter als* wir *bis jetzt/bisher angenommen* haben.
Het probleem is ingewikkelder dan wij tot nu toe hebben aangenomen.

Die Verhandlungen verlaufen ziemlich *zäh.*
De onderhandelingen verlopen tamelijk stroef.

84. Mogelijk

Abend / im Bereich des Möglichen / Chance / durchaus drin / erdenklich / etwaig / existenzfähig / Können vor Lachen / machen / möglich / möglicherweise / Möglichkeit / Perspektive / Polen / Sicht / Teufel / Tür / vielleicht / Wunsch

Es *ist* noch nicht *aller Tage Abend.*
Er zijn nog mogelijkheden.

Eine Gewinnausschüttung scheint dieses Jahr *im Bereich des Möglichen* zu liegen.
Een winstuitkering lijkt dit jaar tot de mogelijkheden te behoren.

Besteht noch eine *Chance* das Spiel zu gewinnen?
Bestaat er nog een kans om het spel te winnen?

Es ist durchaus drin, dass sie das Spiel in der zweiten Halbzeit noch umbiegen können.
Het zit er in dat ze de wedstrijd in de tweede helft nog naar hun hand kunnen zetten.

Er hat es mit allen *erdenklichen* Mitteln versucht.
Hij heeft het met alle denkbare middelen geprobeerd.

Für *etwaige* Buchungen können Sie sich am Schalter melden.
Voor eventuele boekingen kunt u zich melden bij de balie.

Dieser Betrieb ist ohne Massenentlassungen *nicht* mehr *existenzfähig.*
Dit bedrijf is zonder massaontslagen niet meer levensvatbaar.

Können vor Lachen!
Als het zou kunnen zou ik het doen!

Das lässt sich machen!
Dat is te doen!

Ich habe *alles Menschenmögliche versucht.*
Ik heb al het mogelijke geprobeerd.

Sofern *möglich* überlässt du mir die Sache.
Voor zover mogelijk laat je de zaak aan mij over.

Beeil dich! *Möglicherweise* erreichen wir unser Flugzeug noch!
Haast je! Misschien halen we dan ons vliegtuig nog!

Mit diesem Produkt könnten sich für ihre Firma völlig neue *Möglichkeiten* eröffnen.
Dit product zal uw bedrijf hele nieuwe mogelijkheden kunnen bieden.

Er sucht einen Job mit *Perspektive.*
Hij zoekt een baan met perspectief.

Noch ist Polen nicht verloren.
Het is nog geen verloren zaak.

Ist schon eine Lösung *in Sicht?*
Is er al een oplossing in zicht?

Wenn es der Teufel will, dann ist alles möglich.
Als de duivel het wil, is alles mogelijk.

Er möchte *sich die Tür* für einen Vertragsabschluss noch zwei Tage *offenhalten.*
Hij wil nog twee dagen de mogelijkheid openhouden om een contract af te sluiten.

Vielleicht hat er auch Lust dazu.
Misschien heeft hij er ook zin in.

Ich sehe keine Möglichkeit, *Ihnen Ihren Wunsch erfüllen zu können.*
Ik zie geen mogelijkheid om aan uw wens te kunnen voldoen.

85. Mooi

appetitlich / bezaubernd / Biene / Bild / einladend / Gesicht wie gemalt / gut / hübsch / interessant / nett / reizend / schön

Der Tisch sah nicht wirklich *appetitlich* aus.
De tafel zag er niet echt appetijtelijk uit.

Freiburg ist wirklich eine *bezaubernde* Stadt.
Freiburg is echt een betoverende stad.

Seine Augen sind einfach *bezaubernd.*
Zijn ogen, betoverend gewoon.

Mein lieber Scholli, das ist aber eine **flotte Biene.*
Tjonge tjonge, wat een lekker stuk.

Sie ist *ein Bild* von einer Frau.
Ze is een plaatje.

Willst du heute Abend mit ins Kino? Ja, das scheint mir ein *einladender Vorschlag* zu sein.
Wil je vanavond naar de bioscoop? Ja, dat lijkt me een leuk idee.

Seine Freundin *hat ein Gesicht wie gemalt.*
Zijn vriendin heeft een bloedmooi gezicht.

In der Schule bekommt sie immer *gute* Noten.
Op school haalt ze altijd mooie cijfers.

Don Johnson *sieht gut aus!*
Don Johnson mag er wezen!

Ist das deine Frau? Die ist aber *hübsch*, Mensch!
Is dat je vrouw? Knappe tante hoor!

Das scheint mir ein *interessantes* Angebot zu sein.
Dat lijkt me een interessant aanbod.

Ihr Kollege fiel immer durch seine *nette* Kleidung auf.
Haar collega viel altijd op door zijn mooie kleding.

Sie ist ein *reizendes* Mädchen.
Ze is een aantrekkelijk meisje.

Das ist ja eine *schöne Sache!*
Daar ben je mooi ingetuind!

Schöner Wagen, ist der neu?
Mooie auto, nieuw?

86. Nauwkeurig

exakt / fingerbreit / genau / genau genommen / Genauigkeit / gewissenhaft / Goldwaage / Herz und Nieren / Hundertfünfzigprozentig / Kopf / Korinthenkacker / von oben bis unten / päpstlich / Paragraphenreiterei / präzis(e) / Präzision / pünktlich / sorgfältig / Westentasche

Ihre Wahrnehmung stimmt *exakt* mit der meinen überein.
Uw waarneming klopt exact met de mijne.

Wollen Sie die *exakte* Anzahl wissen?
Wilt u het exacte aantal weten?

Er *weicht keinen fingerbreit* von den Befehlen seines Vorgesetzten *ab.*
Hij wijkt geen duimbreed af van wat zijn baas hem opdraagt.

Der Inspektor führte die Untersuchung *peinlich genau* durch.
De inspecteur stelde een minutieus onderzoek in.

Was *genau* hat er dir damals gesagt?
Wat heeft hij je toen precies gezegd?

Wir müssen *genau* auf seine Worte achten.
We moeten goed op zijn woorden letten.

Genau genommen sind wir uns nicht einig.
Strikt genomen zijn we het niet eens.

Seine *Genauigkeit* lässt zu wünschen übrig.
Zijn nauwkeurigheid laat te wensen over.

Er hat sich immer *gewissenhaft* für die Sache eingesetzt.
Hij heeft zich altijd consciëntieus voor de zaak ingezet.

Der Staatsanwalt *legte jedes Wort* des Angeklagten *auf die Goldwaage*.
De officier van justitie woog elk woord van de verdachte zorgvuldig af.

Aber sicher! Unser Mechaniker wird ihr Auto *auf Herz und Nieren* überprüfen.
Zeker! Onze monteur zal elk schroefje van uw auto nalopen.

Ihre Sekretärin war eine richtig *Hundertfünfzigprozentige*.
Haar secretaresse was een Pietje precies.

Die Einbrecher *stellten* die Wohnung *auf den Kopf*.
De inbrekers hebben het huis van onder tot boven doorzocht.

Was für ein ***Korinthenkacker!*
Wat een mierenneuker!

Sie durchsuchten das Haus *von oben bis unten*.
Ze doorzochten het huis van onder tot boven.

Er *ist päpstlicher als der Papst*.
Hij is roomser dan de paus.

Das ist doch *Paragraphenreiterei!*
Dat is wel muggenzifterij!

Er hörte dem Mann *präzise* zu.
Hij luisterde nauwkeurig naar de man.

Er reparierte die Uhr mit großer *Präzision.*
Hij repareerde het horloge met grote precisie.

Er ist normalerweise immer *pünktlich.*
Normaal gesproken is hij altijd stipt op tijd.

Ich habe den Bericht *sorgfältig* durchgelesen.
Ik heb het verslag zorgvuldig gelezen.

Ich *kenne* Frankfurt *wie meine eigene Westentasche.*
Ik ken Frankfurt als mijn broekzak.

87. Niet / Niets / Nooit

Bahnhof / Bohne / Dreck / für die Katz / kein / Null / nicht / nichts / nie und nimmer / nie / niemals / Null Komma nichts / Stück / überhaupt nichts

Ich glaube *nicht die Bohne* von dem was du sagst!
Ik geloof geen hout van wat je zegt!

Das habe ich *nicht* gesagt.
Dat heb ik niet gezegd.

Ich denke nicht mal d(a)ran!
Geen denken aan!

Ich *verstehe* immer **nur Bahnhof.*
Ik snap er geen barst van.

Das *interessiert* mich ***einen Dreck.*
Dat interesseert me geen reet.

Wir sind *für die Katz* gekommen.
We zijn voor noppes gekomen.

Von ihrer Aussage stimmt doch *kein einziges Wort!*
Van haar uitspraak klopt geen moer!

Die Ergebnisse der Untersuchung waren *gleich Null.*
De resultaten van het onderzoek waren nihil.

Er ließ *kein Stück* seiner Argumentation heil.
Hij liet geen spaan heel van zijn argumenten.

Davon weiß ich nichts.
Daar weet ik niets van.

Er weiß offenbar *nichts* von der Sache.
Hij weet blijkbaar niets van de zaak.

In *Null Komma nichts* war sie hier.
In een vloek en een zucht was ze hier.

Das sagt mir *überhaupt nichts!*
Dat zegt me niets!

Nie und nimmer habe ich das gesagt.
Dat heb ik nooit of te nimmer gezegd.

Das werde ich *nie im Leben* tun.
Dat zal ik nooit van mijn leven doen.

Eine solche Ausrede habe ich noch *nie* gehört.
Zo'n smoes heb ik nog nooit gehoord.

Das wird *niemals* rechtzeitig fertig.
Dat lukt nooit op tijd.

Sag *niemals nie.*
Zeg nooit nooit.

Das habe ich *einmal und nie wieder* gemacht.
Dat was eens maar nooit meer.

88. Nieuw

aktualisieren / angehend / ausbessern / brandneu / erneuern / frisch gebacken / früh / funkelnagelneu / heute / jung / modern / modernisieren / nächste / nagelneu / neu / Schlager / unbenutzt / unerfahren / ungeahnt / verbessern / zeitgemäß / zeitgenössisch

Hast du schon die *aktualisierte* Version des Programms?
Heb je de geüpdate versie van het programma al?

Er ist *angehender* Deutschlehrer.
Hij is aankomend leraar Duits.

Hast du das Dach jetzt endlich *ausgebessert?*
Heb je het dak nu eindelijk eens opgeknapt?

Er trug einen *brandneuen* Mantel.
Hij had een gloednieuwe jas aan.

Können Sie diese Verschleißteile *erneuern?*
Kunt u deze versleten onderdelen vernieuwen?

Das *frisch gebackene* Ehepaar ging auf Hochzeitsreise.
Het kersverse echtpaar ging op huwelijksreis.

Das ist eine Erinnerung aus meiner *frühen* Jugend.
Dat is een herinnering uit mijn prille jeugd.

Dieser Kühlschrank ist *funkelnagelneu.*
Deze koelkast is spiksplinternieuw.

Die *heutige* Jugend ist politisch nicht engagiert.
De jeugd van tegenwoordig houdt zich nauwelijks met politiek bezig.

Ihre *jüngste* Tochter ist wirklich herzig.
Haar jongste dochter is me toch een schatje.

So eine Krawatte ist doch heute nicht mehr *modern!*
Zo'n stropdas is vandaag de dag niet meer in!

Wir müssen unsere Produktion dringend *modernisieren.*
We moeten onze productie dringend moderniseren.

Im *nächsten* Jahr sehen wir dann weiter.
Volgend jaar zien we wel verder.

Sein Fahrrad war noch *nagelneu,* als es gestohlen wurde.
Zijn fiets was nog gloednieuw toen hij werd gestolen.

Er hat sich einen *neuen* Wagen gekauft.
Hij heeft een nieuwe auto gekocht.

Das ist zur Zeit *der absolute Schlager!*
Dit is op het moment een absolute hit!

Das Messer ist noch *unbenutzt.*
Het mes is nog ongebruikt.

Mit *unerfahrenen* Arbeitern können wir nichts anfangen.
Met onervaren werklui kunnen we niets beginnen.

Das bietet für uns *ungeahnte* Möglichkeiten.
Dat geeft ons ongekende mogelijkheden.

Das Nachschlagewerk erscheint nächstes Jahr in einem *verbesserten* Druck.
Het naslagwerk verschijnt volgend jaar in een verbeterde druk.

Seine Kleidung war nicht mehr *zeitgemäß.*
Zijn kleding was uit de mode.

Die *zeitgenössische* Literatur finde ich viel interessanter als diese alten Schinken.
Hedendaagse literatuur vind ik veel interessanter dan deze oude pillen.

89. Nodig / Onnodig

absolut / Bedürfnis / Bedarf / benötigen / brauchen / dringend / erforderlich / sich gehören / gerecht werden / müssen / nötig / notwendig / unentbehrlich / unnötig

Ist so ein Eingriff *absolut* notwendig?
Is deze ingreep per se nodig?

Ich *benötige* Sie heute Abend noch.
Ik heb u vanavond nog nodig.

Brauchst du noch was?
Heb je nog iets nodig?

Was *brauchen* Sie sonst noch?
Anders nog iets?

Ich muss *dringend* mit Ihnen sprechen.
Ik moet u dringend spreken.

Die Sparmaßnahmen der Regierung *scheinen* mir durchaus *erforderlich.*
De bezuinigingsmaatregelen van de regering lijken me absoluut noodzakelijk.

Das *gehört sich* nun einmal so.
Dat hoort nu eenmaal zo.

Glauben Sie, dass Sie *diesen Anforderungen gerecht werden können?*
Denkt u dat u aan deze eisen kunt voldoen?

Ich *muss* mal *dringend.*
Ik moet zo nodig naar de wc.

Muss das sein?
Moet dat nou?

Ist das denn wirklich *nötig?*
Is dat nou echt nodig?

Sollen wir dieses *notwendige Übel* wirklich in Kauf nehmen?
Moeten we dit noodzakelijk kwaad echt accepteren?

Lassen Sie mich in Ruhe! Ich *habe* auf ein Gespräch mit Ihnen *kein Bedürfnis!*
Laat me met rust! Ik heb geen behoefte aan een gesprek met u!

Der *Bedarf* an Wohnraum wächst und wächst.
De behoefte aan woonruimte neemt steeds meer toe.

Das wäre doch (wirklich) *nicht nötig gewesen!*
Dat had toch (echt) niet gehoeven!

Seine Anwesenheit ist *unentbehrlich.*
Zijn aanwezigheid is onmisbaar.

Diese Bemerkung schien mir *unnötig.*
Deze opmerking leek mij overbodig.

90. Nut / Nuttig

bringen / Brauchbarkeit / dienen / gelegen / Gewinn / Kram / Nutzen / nützen / nützlich / nutzlos / pragmatisch / Vorteil / zugute kommen / zuliebe tun / Zweck / zweckdienlich

Bringt es *etwas*, wenn wir noch weiter darüber sprechen?
Levert het wat op als we er nog verder over spreken?

Ich zweifle an der *Brauchbarkeit* deines Ansatzes.
Ik twijfel aan de bruikbaarheid van je opzet.

Wozu *dienen* diese Materialien?
Waartoe dienen deze materialen?

Euer Besuch *kommt* uns wirklich *gelegen.*
Jullie bezoek komt ons zeker gelegen.

Das Geschäft hat ihm einen beträchtlichen *Gewinn* eingebracht.
De zaak heeft hem veel winst opgeleverd.

Seine Geschäfte werfen beträchtliche *Gewinne* ab.
Zijn handel werpt aanzienlijk vruchten af.

Die Gehaltserhöhung *passt* mir gerade prima *in den Kram.*
De salarisverhoging komt mij erg goed uit.

Sein gutes Arbiturzeugnis ~*gereichte ihm zu seinem Nutzen.*
Zijn goede vwo-diploma kwam hem goed van pas.

Diese Therapie *nützt* ihm nichts.
Deze therapie heeft bij hem geen resultaat.

Sie nutzte die Gunst die Stunde.
Zij maakte van het ogenblik gebruik.

**Mach dich mal irgendwo anders nützlich.*
Ga je maar ergens anders nuttig maken.

Es ist *nützlich* zu wissen, dass er nicht kommt.
Het is nuttig te weten dat hij niet komt.

Das Gespräch war *völlig nutzlos*.
Het gesprek was volkomen nutteloos.

Seine *pragmatische* Einstellung hat ihm da weitergeholfen.
Zijn pragmatische instelling heeft hem daar verder geholpen.

Bringt das *Vorteile mit sich?*
Heeft dat nog enig nut?

Das Geld dieser Spendenaktion *kommt* der Dritten Welt *zugute*.
Het geld van deze inzamelingsactie komt ten goede aan de Derde Wereld.

Er *tat* es seiner Tochter *zuliebe*.
Hij deed het voor zijn dochter.

Ich sehe den *Zweck* dieser Sache nicht ein.
Ik zie het nut van deze zaak niet in.

Zweckdienliche Hinweise bitte an alle Polizeidienststellen.
Indien u ter zake doende informatie kunt geven, stelt u zich dan in verbinding met de politie.

91. Onduidelijk

Abend / dahinstellen / Frage / Geier / genau / (he)raus sein / Kippe / klar / Luft / offen / unsicher / wissen / wo / Zweifel / zweifelhaft

Noch ist es nicht aller Tage Abend.
Het is niet zeker/Wat niet is, kan nog komen.

Lassen wir *dahingestellt sein*, wer von uns beiden recht hat.
Laten we maar even in het midden laten wie van ons tweeën gelijk heeft.

Es ist die Frage, ob es jemals so weit kommen wird.
Het is maar de vraag of het ooit zover komen zal.

**Weiß der Geier*, was er jetzt schon wieder will!
Joost mag weten wat hij nu weer wil!

**Nichts Genaues weiß man nicht.*
Zeker weten doe je het nooit.

**Ist es schon (he-)raus*, wer sein Nachfolger wird?
Weten jullie al wie zijn opvolger wordt?

Es *stand* letztes Jahr eine ganze Zeit lang *auf der Kippe*, ob sie tatsächlich in die nächste Klasse versetzt werden würde.
Het was het afgelopen jaar een dubbeltje op zijn kant of ze wel over zou gaan.

Er *war* sich *nicht im Klaren darüber*, ob er den Vertrag wirklich unterschreiben sollte.
Hij wist nog niet zeker of hij de overeenkomst daadwerkelijk ondertekenen zou.

Es *hängt* noch (völlig) *in der Luft*, wohin sie nächstes Jahr in Urlaub fahren werden.
Het is nog niet duidelijk waar ze volgend jaar met vakantie naar toe zullen gaan.

Zur Halbzeit ist noch *völlig offen*, wer dieses Spiel gewinnen wird.
In de rust is het nog onzeker wie de wedstrijd gaat winnen.

Das Ergebnis der Verhandlungen ist noch *unsicher*.
Het resultaat van de onderhandelingen is nog onzeker.

Ich *fühle* mich nachts alleine auf der Straße ziemlich *unsicher*.
Ik voel me in m'n eentje 's nachts tamelijk onveilig op straat.

Was weiß ich?
Weet ik veel?

Weiß der Kuckuck, wo du deine Schlüssel hast!
Weet ik veel waar jij je sleutels gelaten hebt!

Wo in aller Welt sind meine Turnschuhe?
Waar zijn in godsnaam mijn gymschoenen gebleven?

Ohne Zweifel hat er dies irgendwann einmal gesagt.
Ongetwijfeld heeft hij dit ooit eens gezegd.

Ob er durchkommt, ist *zweifelhaft*.
Of hij slaagt, is twijfelachtig.

92. Onrust

ängstlich / sich aufregen / Aufruhr / Bewegung / fuchsteufelswild / Geduld / Nerv / nervös / Pferd / rastlos / stürmisch / turbulent / ungeduldig / Unruhe / unruhig

Der Film hatte uns alle *ängstlich* gemacht.
De film had ons allemaal angstig gemaakt.

Über dein Gelalle kann ich *mich* wirklich *aufregen!*
Ik kan me zo opwinden over jouw gezeur!

Die Massen des Volkes *geraten in Aufruhr*.
De massa komt in opstand.

Endlich geriet die Masse in *Bewegung*.
Eindelijk kwam de massa in beweging.

Dieser Lärm macht mich **fuchsteufelswild*.
Ik word niet goed van dit lawaai.

Pass auf, Mensch, sonst *verliere* ich noch *die Geduld!*
Pas op, anders verlies ik mijn geduld!

Du *gehst* mir *auf die Nerven*.
Je werkt me op de zenuwen.

Jetzt *sei* doch nicht so *nervös!*
Doe niet zo nerveus!

Mit ihm gehen regelmäßig **die Pferde durch.*
Hij gaat regelmatig door het lint.

Er ist ein *rastloser Typ*.
Hij is een rusteloos figuur.

Nicht so stürmisch, junger Mann!
Een beetje rustig graag, jongeman!

Die Versammlung verlief sehr *turbulent*.
De vergadering verliep zeer turbulent.

Jetzt komm schon! So langsam *werde* ich nämlich *ungeduldig!*
Kom nou! Ik word namelijk zo langzamerhand ongeduldig!

Seien Sie nicht so *ungeduldig!*
Wees niet zo ongeduldig!

In diesem Land herrscht seit Jahren *soziale Unruhe*.
In dit land heerst sinds jaren sociale onrust.

Seine *Unruhe* trieb ihn wieder fort.
Zijn onrust dreef hem weer verder.

An jenem Abend herrschte eine *unruhige* Atmosphäre.
Op die avond was er een roerige sfeer.

Das Kind schlief sehr *unruhig*.
Het kind sliep zeer onrustig.

93. Ontmoeten

Aufeinandertreffen / begegnen / Begegnung / Rendezvouz / stoßen / treffen / Treffen / Verabredung / Versammlung / wieder sehen / zusammenkommen / Zusammenkunft

Ich bin gespannt, wer dieses *Aufeinandertreffen* gewinnt.
Ik ben benieuwd wie deze confrontatie wint.

Ich bin ihm auf der Straße *begegnet.*
Ik ben hem op straat tegengekomen.

Nächste Woche werden wir dem Präsidenten *begegnen.*
Volgende week zullen we de president ontmoeten.

Weißt du, wem ich gerade in der Stadt *begegnet bin?*
Weet je wie ik in de stad ben tegengekomen?

Ich bin schon seit unserer ersten *Begegnung* in dich verliebt!
Ik ben al sinds onze eerste ontmoeting verliefd op je!

Zu einem *Rendezvouz* ist es leider nicht gekommen.
Het is helaas niet tot een rendez-vous gekomen.

Seid ihr bei eurer Untersuchung schon *auf* größere *Probleme gestoßen?*
Zijn jullie bij jullie onderzoek nog grotere problemen tegengekomen?

Vielleicht *triffst* du das Buch in dieser Bibliothek *an.*
Misschien tref je het boek in deze bibliotheek aan.

Wir *treffen* uns in der Kneipe!
Ik zie je in de kroeg!

Wo *triffst* du ihn morgen?
Waar ontmoet je hem morgen?

Das *Treffen* kann diese Woche leider nicht mehr stattfinden!
Een samenkomst kan deze week helaas niet meer plaatsvinden!

Ich habe morgen eine *Verabredung* mit ihr.
Ik heb morgen een afspraakje met haar.

Er hat während der *Versammlung* kein einziges Wort gesprochen.
Tijdens de vergadering heeft hij geen woord gezegd.

Nächste Woche *sehen* wir uns *wieder*.
Volgende week zien we elkaar weer.

Ich denke, dass wir bei diesem Geschäft *zusammenkommen* können.
Ik denk dat wij wel zaken kunnen doen.

Die *Zusammenkunft* findet im großen Saal statt.
De bijeenkomst vindt in de grote zaal plaats.

94. Onzin

aufgeben / Haar / Käse / Quatsch / Sinn / Unsinn / Wahnsinn / Zeug / Zweck

Gib schon auf! Das schaffst du nie!
Geef het toch op! Dat lukt je nooit!

Deine Geschichte ist doch *an den Haaren herbeigezogen!*
Jouw verhaal is compleet uit de duim gezogen!

Und was Hans vorher gesagt hat, ist auch **alles Käse!*
En wat Hans van tevoren gezegd heeft, is slap gelul!

**Quatsch mit Sauce!*
Gelul!

Es *hat* ja *(überhaupt) keinen Sinn*, mit dir darüber zu reden!
Het heeft (helemaal) geen zin daarover met jou in discussie te gaan!

Lauter *Unsinn*, was der Redner uns da weismachen will.
Louter onzin, wat de spreker ons daar wil wijsmaken.

**Das ist ja heller/der helle Wahnsinn!*
Dat is complete onzin!

Alles **dummes Zeug*, was die Politiker auf Wahlveranstaltungen erzählen!
Allemaal blabla, wat politici op verkiezingscampagnes vertellen!

Es *hat* überhaupt *keinen Zweck*, dass du dich so auf deine Position versteifst.
Het heeft totaal geen zin, dat je zo aan je positie vasthoudt.

95. Open

anbrechen / aufbrechen / aufmachen / aufreißen / aufschneiden / auspacken / eröffnen / Eröffnung / frank und frei / offen / offenherzig / offen stehen / öffnen / sperrangelweit / weit / zugänglich

Lasst uns noch *eine Flasche anbrechen!*
Laten we nog een fles openmaken!

Die Polizei *brach* die Tür mit Gewalt *auf.*
De politie brak de deur met geweld open.

Jetzt *mach* schon die Tür *auf!*
Maak de deur nu open!

Wollen Sie bitte *aufmachen?*
Wilt u alstublieft opendoen?

Wütend *riss* er den Briefumschlag *auf.*
Woedend scheurde hij de enveloppe open.

Schneidest du das Paket für mich *auf?*
Snijd jij het pak voor me open?

Kannst du mir mal eben beim *Auspacken* helfen?
Kun je me even helpen met uitpakken?

Bei der *Ausstellungseröffnung* war auch der Bundespräsident anwesend.
Bij de opening van de tentoonstelling was ook de bondspresident aanwezig.

Weißt du, wann die neue Boutique am Leopoldsplatz *eröffnet* wird?
Weet je wanneer de nieuwe boutique op het Leopoldsplein geopend wordt?

Darf ich *frank und frei* heraus sagen, was ich denke?
Mag ik open en eerlijk zeggen wat ik denk?

Die Tür war schon *offen.*
De deur was al open.

Auf dem Markt wird Obst und Gemüse *offen* verkauft.
Op de markt worden groente en fruit los verkocht.

Vom Kirchturm aus haben Sie einen schönen Ausblick über das *offene/weite* Gelände.
Vanaf de kerktoren heeft u een goed uitzicht over de open vlakte.

Warum stehst du denn die ganze Zeit vor dem *offenen* Fenster?
Waarom sta je steeds voor het open raam?

Die Vertragspartner haben *offenherzig* miteinander gesprochen.
De contractanten hebben openhartig met elkaar gesproken.

Die Familie hatte beim Lebensmittelhändler noch eine Rechnung *offen stehen.*
Het gezin had bij de kruidenier nog een rekening openstaan.

Bitte *öffnen* Sie das Fenster.
Opent u alstublieft het raam.

Zum Glück haben die Geschäfte am verkaufsoffenen Donnerstag länger *geöffnet.*
Gelukkig zijn de winkels op koopavond langer open.

Die Tür stand schon seit mehr als einer Stunde *sperrangelweit* offen.
De deur stond al meer dan een uur wagenwijd open.

Die Messe ist erst ab Freitag für das Publikum *zugänglich.*
De beurs is pas vanaf vrijdag voor het publiek toegankelijk.

96. Openbaar

bekannt / Inbetriebnahme / offen / öffentlich / Öffentlichkeit / unverhüllt

Sie ist eine *bekannte* Fernsehpersönlichkeit.
Zij is een bekende televisiepersoonlijkheid.

Die *Inbetriebnahme* wird sich noch um zwei Wochen verzögern.
De ingebruikname is twee weken vertraagd.

Das ist doch in der Zwischenzeit *ein offenes Geheimnis*.
Dat is toch ondertussen een publiek geheim.

Der Angeklagte hatte alle Verbrechen *offen gestanden*.
De verdachte heeft alle misdrijven openlijk toegegeven.

Die Polizei stellte die *öffentliche Ordnung* mit harter Hand wieder her.
De politie herstelde met harde hand de openbare orde.

Der Minister blamierte sich *in aller Öffentlichkeit*.
De minister zette zich in het openbaar voor schut.

Ja, das gebe ich *unverhüllt* zu!
Ja, dat geef ik openlijk toe!

97. Openhartig

aufrichtig / frank und frei / freimütig / gesprächig sein / großmütig / offen / offenherzig / ritterlich / rundheraus / ungeschminkt / unverblümt

Wir werden uns *aufrichtig* darüber unterhalten.
We zullen er oprecht over praten.

Darf ich frank und frei heraus sagen, was ich denke?
Mag ik frank en vrij zeggen wat ik denk?

Er hat sich *freimütig* dazu bekannt.
Hij is er rond voor uitgekomen.

Mensch, *bist* du heute aber *gesprächig!*
Goh, wat ben jij spraakzaam vandaag!

Danke sehr! Das ist wirklich *(sehr) großmütig von dir!*
Bedankt! Dat is echt (erg) edelmoedig van je!

Er gestand *offen*, dass er keine Lust hatte.
Hij gaf ruiterlijk toe dat hij geen zin had.

Können wir nicht *offen darüber reden?*
Kunnen we daar niet openlijk over discussiëren?

Können Sie jetzt *offen* sprechen?
Kunt u nu vrijuit spreken?

Manchmal ist er allzu *offenherzig*.
Soms is hij te openhartig.

Wir haben unsere Verhandlungen *offenherzig* geführt.
Onze besprekingen waren openhartig.

Er hat sich *ritterlich* benommen.
Hij heeft zich ridderlijk gedragen.

Sie müssen *rundheraus* sagen, was Sie davon halten.
U moet ronduit zeggen wat u ervan vindt.

Er sagte uns *ungeschminkt* die Wahrheit.
Hij zei ons ongezouten de waarheid.

Unverblümt gab er zu, dass er einen Fehler gemacht hatte.
Onverbloemd gaf hij toe dat hij een fout had gemaakt.

98. Oud

alt / altbacken / Alte / Alter / altersschwach / altertümlich / antik / bejahrt / ehemalig / grau / jahrhundertealt / klassisch / mittelalt / uralt / veraltet / verfliegen / verschlissen

Es ist doch immer wieder die *alte* Geschichte.
Het is elke keer hetzelfde liedje.

Was für ein *altbackener* Witz.
Wat een oudbakken mop.

Erlauben das deine *Alten?*
Mag je dat wel van je ouwelui?

Ach wissen Sie, *in* meinem *vorgerückten Alter*, da macht man sowas nicht mehr.
Ach weet je, op mijn leeftijd doe je zoiets niet meer.

Ihr Mann ist *altersschwach*.
Haar man is afgeleefd.

Seine *altertümliche* Denkart war mir zuwider.
Zijn ouderwetse manier van denken stond mij tegen.

Die Kommode ist *antik*.
De ladekast is antiek.

Die Zeugin war eine *bejahrte* Frau.
De getuige was een bejaarde vrouw.

Dieser Mann kommt aus der *ehemaligen* DDR.
Deze man komt uit de voormalige DDR.

Das alles spielte sich in *grauer* Vorzeit ab.
Dat alles speelde zich in de grijze oudheid af.

Diese Kirche ist *jahrhundertealt*.
Deze kerk is eeuwenoud.

Das ist ein *klassisches* Theaterstück.
Dat is een klassiek toneelstuk.

Er mag *mittelalten Käse* sehr.
Hij houdt van belegen kaas.

Dieser Brauch ist schon *uralt.*
Dit gebruik is al oeroud.

Solche Auffassungen sind *veraltet.*
Zulke opvattingen zijn antiek.

Das sind Erinnerungen aus *längst verflogenen* Zeiten.
Dat zijn herinneringen uit lang vervlogen tijden.

Du wirst doch wohl nicht diesen *verschlissenen* Pulli anziehen wollen?
Je gaat toch niet deze versleten trui aandoen?

99. Pakken

anfassen / anpacken / beschaffen / drücken / einpacken / ertappen / fangen / fassen / festnehmen / Feuer / grapschen / greifen / holen / nehmen / verpacken

Komm, *fass (mal) mit an!*
Kom, pak aan!

Wie wollen Sie das Problem *anpacken?*
Hoe wilt u het probleem aanpakken?

Ich habe es leider nicht *beschaffen* können.
Ik heb het helaas niet kunnen bemachtigen.

Sie *drückte* ihre Tochter *fest an sich.*
Zij drukte haar dochter stevig tegen zich aan.

Wie wollen Sie diese Waren *einpacken?*
Hoe wilt u deze waren inpakken?

Er wurde auf frischer Tat *ertappt.*
Hij werd op heterdaad betrapt.

Fang mich doch, wenn du kannst!
Vang me dan, als je kan!

Als er dies sagte, *fasste* er sie bei der Hand.
Toen hij dit zei, vatte hij haar bij de hand.

Die Polizei hat den Verbrecher noch nicht *festgenommen.*
De politie heeft de misdadiger nog niet ingerekend.

Vor zwei Tagen wurde er von der Polizei *festgenommen.*
Twee dagen geleden werd hij door de politie aangehouden.

Auch die zweite Wohnung hatte *Feuer gefangen.*
Ook de tweede woning had vlam gevat.

Er *grapscht* mir das Buch aus der Hand.
Hij grist mij het boek uit de handen.

Sie *griff* nach ihrer Tasche.
Zij greep naar haar tas.

Sie *greift* nach meinen Händen.
Ze grijpt naar mijn handen.

Ich muss mir zunächst mal das Buch *holen.*
Ik moet eerst het boek even pakken.

Hier, *nehmen* Sie auch ein Glas.
Hier, neemt u ook een glas.

Nimm sie nur, schließlich sind sie für dich!
Neem maar, ze zijn tenslotte van jou!

Diese Sachen müssen noch *verpackt* werden.
Deze dingen moeten nog worden verpakt.

100. Plaatsen

anbringen / anschließen / aufnehmen / aufstellen / hinstellen / lancieren / qualifizieren / setzen / stationieren / stecken / unterbringen / unterschreiben / versetzen

Sie wollte die Lampe hier an der Decke *anbringen*.
Zij wilde de lamp hier aan het plafond ophangen.

Wir haben gestern den neuen Mikrowellenherd *angeschlossen*.
We hebben gisteren de nieuwe magnetron geïnstalleerd.

Er ist in ein Krankenhaus *aufgenommen* worden.
Hij is in een ziekenhuis opgenomen.

Stellen Sie den Kühlschrank hier *auf?*
Zet u de koelkast hier neer?

Können wir den Tisch hier *hinstellen?*
Kunnen we de tafel hier neerzetten?

Stellen Sie die Stühle dort *hin*.
Zet u de stoelen daar neer.

Wo sollen wir das Sofa *hinstellen?*
Waar zullen we de sofa neerzetten?

Sein Stellvertreter *lancierte* seine Meinung genau im richtigen Augenblick.
Zijn plaatsvervanger gaf zijn mening precies op het goede moment.

Der Schlittschuhläufer *qualifizierte* sich für die Olympischen Spiele.
De schaatser plaatste zich voor de Olympische Spelen.

Die Redaktion *setzte* den Artikel doch nicht in die Zeitung.
De redactie plaatste het artikel toch niet in de krant.

Er weigerte sich unter diesen Vertrag *seine Unterschrift* zu *setzen.*
Hij weigerde zijn handtekening onder dit contract te zetten.

Wo waren Sie *stationiert?*
Waar was u gestationeerd?

Der Direktor *steckte* sein Kapital in eine gemeinnützige Stiftung.
De directeur plaatste zijn kapitaal in een stichting.

Das Hotel konnte alle Neuankömmlinge ohne Probleme *unterbringen.*
Het hotel kon alle nieuwe gasten zonder problemen herbergen.

Ich habe diese Bemerkung nicht *unterbringen* können.
Ik kon deze opmerking niet thuisbrengen.

Wenn Sie hier bitte *unterschreiben* wollen?
Wilt u hier uw handtekening plaatsen alstublieft?

Kurze Zeit nach dem Skandal wurde der Kriminalkommissar *versetzt.*
Korte tijd na het schandaal werd de rechercheur overgeplaatst.

101. Populair

abfahren / beliebt / Beliebtheit / beliebt sein / bewundern / Gast / Masche / Neue / populär / schätzen / umworben / vielgefragt / Volksheld / voll in sein / vorziehen

Ich *fahre* immer noch voll *auf* die Musik der Rolling Stones *ab.*
Ik ben nog steeds gek van de muziek van de Rolling Stones.

Diese Schauspielerin *ist* bei einem großen Publikum *sehr beliebt.*
Deze toneelspeelster is bij een groot publiek zeer populair.

Sie ist eine *beliebte* Eisläuferin.
Zij is een gevierde schaatster.

Ihr neues Buch *erfreute* sich bei Jung und Alt ~*großer Beliebtheit.*
Haar nieuwe boek kon zich bij jong en oud in een grote belangstelling verheugen.

Der Bandleader war vor allem bei den Mädchen *rasend beliebt.*
De bandleider viel vooral bij meisjes erg in de smaak.

Er wurde wegen seines virtuosen Violinspiels *bewundert.*
Hij werd om zijn uiterst bedreven vioolspel bewonderd.

In dieser Kneipe ist er ein *gern gesehener Gast.*
In deze kroeg is hij een graag geziene gast.

Sich so daneben zu benehmen, ist wohl *die neueste Masche.*
Je onbehoorlijk gedragen is de laatste rage.

Diese Hosen sind *das Neueste vom Neuesten.*
Deze broek is het nieuwste van het nieuwste.

Diese Nummer hat ihn ziemlich *populär gemacht.*
Dit nummer heeft hem tamelijk populair gemaakt.

Wir haben den Besuch des Bürgermeisters sehr *geschätzt.*
Wij hebben het bezoek van de burgemeester zeer gewaardeerd.

Sie war ein viel *umworbener* Musical-Star.
Zij was een zeer gevierde musicalster.

Dieser Autor ist *vielgefragt.*
Deze auteur is veelgevraagd.

Die Medaillengewinner wurden als wahre *Volkshelden* gefeiert.
De medaillewinnaars werden als ware volkshelden gehuldigd.

Die Karibik *ist* als Ferienziel **voll in.*
Het Caribisch gebied is als vakantiebestemming hartstikke in.

Er hat die Reise nach Albanien der nach Spanien *vorgezogen.*
Hij heeft de reis naar Albanië boven die naar Spanje geprefereerd.

102. Proberen

ausprobieren / sich bemühen / kosten / probieren / prüfen / testen / üben / Übung / untersuchen / Versuch / versuchen / Wagnis

Er will das neue Motorrad zunächst mal *ausprobieren.*
Hij wil de nieuwe motor eerst eens uitproberen.

Wir *bemühen* uns, den Auftrag bis nächsten Montag fertig zu bekommen.
We doen ons best om de opdracht aanstaande maandag af te hebben.

Ich möchte die neue Zigarre mal *kosten.*
Ik zou de nieuwe sigaar graag eens proeven.

Kostet mal diesen Wein hier!
Proeven jullie deze wijn eens!

Hast du es schon einmal auf diese Art und Weise *probiert?*
Heb je het al eens op deze manier geprobeerd?

Wir wollen mal *prüfen*, ob das stimmt.
We zullen eens testen of dat klopt.

Die Qualität unseres neuen Produkts können Sie selbst *testen.*
De kwaliteit van onze nieuwe producten kunt u zelf testen.

Um ein guter Pianist zu werden, musst du *üben, üben und nochmals üben.*
Om een goede pianist te worden moet je oefenen, oefenen, en nog eens oefenen.

Übung macht den Meister.
Oefening baart kunst.
Wir werden die Ursachen des Erdbebens *untersuchen.*
We zullen de oorzaken van de aardbeving onderzoeken.

Er *versucht sein Glück* nach all den Jahren noch immer auf der Rennbahn.

Na al die jaren beproeft hij nog steeds zijn geluk op de renbaan.

Erst beim zweiten *Versuch* hatte er Erfolg.

Pas bij de tweede poging had hij succes.

Schade, dass es nicht geklappt hat. Na ja, es *war* jedenfalls *den Versuch wert*.

Jammer dat het niet gelukt is. Nou ja, het was in ieder geval het proberen waard.

Der Einbrecher *versuchte* zu entkommen.

De inbreker probeerde te ontkomen.

Er hat öfters *versucht* uns zu erreichen.

Hij heeft meermaals geprobeerd ons te bereiken.

Das ganze Unternehmen ist ein großes *Wagnis*.

De hele onderneming is een grote gok.

103. Reizen

Abenteurer / Abfahrt / Ausflug / auswandern / Entdeckungsreisende / Exkursion / Expedition / Fahrausweis / fahren / Fahrt / Ferien / Fluggast / geschäftlich reisen / Geschäftsreisender / Passagier / pendeln / Reise / Reisende / Tour / Tourist / Trip / Urlaub / Urlauber / Wanderer / wandern / Wanderung / ziehen

Der *Abenteurer* geriet allmählich in Schwierigkeiten.

De avonturier raakte langzaam maar zeker in moeilijkheden.

Bei der *Abfahrt* drängten sich alle an Deck.

Tijdens de afvaart verdrongen allen zich aan dek.

Nächste Woche machen wir einen *Ausflug* in die Berge, einverstanden?

Volgende week maken we een uitstapje naar de bergen, oké?

Viele Menschen werden aufgrund der politischen Situation gezwungen, in ein anderes Land *auszuwandern.*
Veel mensen worden op grond van de politieke situatie gedwongen te emigreren.

Kolumbus gehört zu den großen *Entdeckungsreisenden.*
Columbus behoort tot de grootste ontdekkingsreizigers.

Im Rahmen der *Exkursion* wurde auch das Museum in der Stadt besucht.
In het kader van de excursie werd ook het museum in de stad bezocht.

Die *Expedition* ins Polargebiet dauert zwei Monate.
De expeditie naar het polaire gebied duurt twee maanden.

Die *Fahrausweise* bitte, sagte der Schaffner.
Uw plaatsbewijzen alstublieft, zei de conducteur.

Er *fährt* jeden Morgen *mit der Bahn* zur Arbeit.
Hij reist elke ochtend met de trein naar z'n werk.

In dieser Gegend *fahren* wir jetzt schon zwei Tage *herum.*
We rijden nu al twee dagen in deze streek rond.

Eine *einfache Fahrt* nach Berlin, bitte.
Een enkeltje Berlijn alstublieft.

Wir verbringen die *Ferien* dieses Jahr zu Hause.
We brengen de vakantie dit jaar thuis door.

Die *Fluggäste* warten in der Wartehalle des Flughafens.
In het wachtlokaal van de luchthaven wachten de passagiers.

Wissen Sie, als Vertreter muss ich *geschäftlich* viel *reisen.*
Weet u, als vertegenwoordiger maak ik veel zakenreizen.

Der *Geschäftsreisende* kehrte erst spät am Abend nach Hause zurück.
De handelsreiziger keerde pas 's avonds laat naar huis terug.

Der *Passagier* meldete sich am Schalter.
De passagier meldde zich aan het loket.

In der Nacht vor der Abfahrt schlich sich ein *blinder Passagier* an Bord.
In de nacht voor de afvaart sloop een verstekeling aan boord.

Er *pendelt* jede Woche zwischen Heim und Arbeit.
Hij gaat elke week tussen huis en werk op en neer.

In zwei Tagen machen wir eine *Reise* ins Ausland.
Over twee dagen maken we een reis naar het buitenland.

Der *Reisende* war zwei Jahre unterwegs.
De reiziger was twee jaar onderweg.

Wir haben *eine Tour* zu den Wasserfällen gemacht.
We hebben een tocht naar de watervallen gemaakt.

Touristen sollten dieses Land zur Zeit besser meiden.
Toeristen kunnen dit land op het ogenblik beter mijden.

Wie lange dauert der **Trip* nach Berlin?
Hoe lang duurt de trip naar Berlijn?

Wann fährst du in *Urlaub?*
Wanneer ga jij op vakantie?

Der *Urlauber* hatte den Eindruck, dass die Ferien noch nicht recht begonnen hatten.
De vakantieganger had de indruk dat de vakantie nog niet echt begonnen was.

Der *Wanderer* übernachtet zwei Tage in der Jugendherberge.
De trekker logeert twee dagen in de jeugdherberg.

Sie *wanderten* durch das ganze Gebiet.
Ze trokken door het hele gebied.

Am Wochenende machen wir immer eine kleine *Wanderung* durch den Wald.
In het weekend maken wij altijd een korte boswandeling.

Von hier aus *zieht* der Wind nach Norden.
Van hieruit trekt de wind naar het noorden.

104. Respect

Achtung / Anerkennung / Ansehen / beachtlich / Bewunderung / bewundern / Ehre / ehrenhaft / Ehrfurcht / ehrwürdig / eindrucksvoll / erfüllen / guter Name / Lob / lobenswert / Respekt / respektabel / respektieren / respektlos / Respektsperson / Rücksicht / Ruhm / rühmen / schätzen / Scheu / Stolz / vornehmen

Durch diese Leistung ist er in meiner *Achtung* gestiegen.
Door die prestatie is hij in mijn achting gestegen.

Als Zeichen der *Anerkennung* bekam er ein kleines Geschenk.
Als blijk van waardering kreeg hij een klein cadeautje.

Er stand sogar bei seinen Gegnern in hohem *Ansehen.*
Hij stond zelfs bij zijn tegenstanders in hoog aanzien.

Der Fluss hat an dieser Stelle eine *beachtliche* Breite.
De rivier heeft op deze plek een respectabele breedte.

Für den Autor des Buches hatte sie große *Bewunderung*.
Voor de auteur van het boek had zij grote bewondering.

Ich *bewundere* deine Geduld.
Ik bewonder je geduld.

Dieser Auftrag war für mich eine große *Ehre*.
Deze opdracht was voor mij een grote eer.

Der Vorsitzende machte einen *ehrenhaften* Vorschlag.
De voorzitter deed een eerbaar voorstel.

Er hegt noch immer *Ehrfurcht* vor seiner Mutter.
Hij heeft nog altijd eerbied voor zijn moeder.

Der Präsident galt als *ehrwürdiger* Mann.
De president stond te boek als een eerbiedwaardig man.

Der Schüler zeigte beim Abitur eine *eindrucksvolle* Leistung.
De leerling had bij het eindexamen een indrukwekkende prestatie geleverd.

Er konnte den Vertrag nicht *erfüllen.*
Hij heeft het contract niet kunnen naleven.

Durch seine guten Leistungen in der letzten Zeit hat er *sich einen guten Namen erworben.*
Door zijn goede prestaties van de laatste tijd heeft hij een goede naam gekregen.

Diese Hausarbeit verdient (ein) *Lob.*
Dit werkstuk verdient lof.

Ihm war diese *lobenswerte* Gewohnheit fremd.
Hij kende deze loffelijke gewoonte niet.

Solche Versöhnungsversuche sind immer *lobenswert.*
Zulke verzoeningspogingen zijn altijd prijzenswaardig.

Du solltest mehr *Respekt* vor ihm haben.
Je zou meer ontzag voor hem moeten hebben.

Etwas mehr Respekt, bitte!
Een beetje meer respect graag!

Für dieses Haus hat er eine *respektable* Summe bezahlt.
Voor dit huis heeft hij een respectabel bedrag neergeteld.

Du sollst auch andere Ansichten *respektieren.*
Je moet ook andere meningen respecteren.

Findest du die Jugend von heute auch so *respektlos?*
Vind je de jeugd van tegenwoordig ook zo respectloos?

Der Bürgermeister gilt als eine *Respektsperson.*
De burgemeester staat bekend als een respectabel persoon.

Er *nahm Rücksicht auf* ihre Situation.
Hij hield rekening met haar situatie.

Den *Ruhm* des Sieges hatte er bisher nicht gekannt.
De glorie van de overwinning had hij tot nu toe niet gekend.

Er *rühmt* sich seiner fachspezifischen Kenntnisse.
Hij beroemt zich op zijn vakkennis.

Als Politiker wurde er von allen Kollegen *geschätzt*.
Als politicus werd hij door alle collega's gerespecteerd.

Vor diesem Gegner hat er ein *gehöriges Stück Scheu*.
Voor deze tegenstander heeft hij een heilig ontzag.

Thomas Mann ist der *Stolz* seiner Vaterstadt.
Thomas Mann is de trots van zijn geboortestad.

Das Mädchen kommt aus einer *vornehmen* Familie.
Het meisje komt uit een voorname familie.

105. Rust

ausruhen / Ausspannen / Beruhigung / Entspannung / erholen / Erholung / Fassung / Pause / Ruhe / ruhen / Stille / verschnaufen

Ich möchte mich vorher ein bisschen *ausruhen*.
Ik wil vooraf nog een beetje uitrusten.

Zum *Ausspannen* bleibt uns heute keine Zeit.
Voor uitrusten is vandaag geen tijd.

Zu meiner *Beruhigung* machte er keine weiteren Mitteilungen.
Tot mijn geruststelling deed hij geen verdere mededelingen.

Nach all dem Stress hast du dir schon mal ein bisschen *Entspannung* verdient.
Na al die stress heb je wel wat ontspanning verdiend.

Wir haben uns am vergangenen Wochenende richting *erholen* können.
We hebben ons het afgelopen weekend goed kunnen verpozen.

Sie fuhren zur *Erholung* ein Wochenende in die Berge.
Ter ontspanning gingen ze een weekend naar de bergen.

Sowas *bringt* ihn noch lange *nicht aus der Fassung*.
Er is meer voor nodig om hem van zijn stuk te brengen.

In der *Pause* gab es Kaffee.
In de pauze was er koffie.

Können wir nicht mal *eine (kurze) Pause einlegen?*
Kunnen we niet even een (korte) pauze inlassen?

Auch ihre letzte Verleumdung konnte ihn *nicht aus der Ruhe bringen*.
Ook onder haar laatste roddels bleef hij onverstoorbaar.

Endlich hatte er seine *Ruhe*.
Eindelijk had hij zijn rust gevonden.

Ich wollte, dass ich deine *innere Ruhe* habe.
Ik zou willen dat ik jouw innerlijke rust had.

In dieser Stadt herrschte seit Jahren *Ruhe und Ordnung*.
In deze stad heerste sinds jaren rust en vrede.

In aller *Ruhe* wartete er auf den Anruf.
In alle rust wachtte hij op het telefoontje.

Lass mich in Ruhe!
Laat me met rust!

Mein Chef *hat* wirklich *die Ruhe weg*.
Mijn baas is de rust zelve.

Sie *ruhte in sich selbst*.
Zij had innerlijke rust gevonden.

Und jetzt wollen wir einen Moment *ruhen!*
En nu willen we even rusten!

Es entstand eine peinliche *Stille*.
Er viel een pijnlijke stilte.

Als sie im dreizehnten Stock ankam, musste sie erst einmal *verschnaufen*.
Toen ze op de dertiende verdieping kwam, moest ze eerst even op adem komen.

106. Ruw

brüsk / global / grob / im Großen und Ganzen / hart / holprig / plump / rauh / roh / rüde / schonungslos / struppig / stürmisch / tosend / unbearbeitet / uneben / ungehobelt / unhöflich / unsittlich / unverschämt / unvollendet / unwirtlich / unzivilisiert / Zügen

Der Polizei wurde *brüskes* Auftreten vorgeworfen.
De politie werd bruusk optreden verweten.

Er hat davon nur einen *globalen* Eindruck.
Hij heeft daar slechts een globale indruk van.

Er gab ihr eine *grobe* Antwort.
Hij gaf haar een lomp antwoord.

Mensch, sei nicht so **grob!*
Joh, wees niet zo onbeleefd!

Im Großen und Ganzen hat er Recht.
Door de bank genomen heeft hij gelijk.

Puh, das war eine *harte* Verhandlung.
Poe, dat waren harde onderhandelingen.

Der Weg ist hier ziemlich *holprig*.
De weg is hier tamelijk hobbelig.

Welch ein *plumper* Kerl!
Wat een lompe kerel!

Bei solch *rauhem* Wetter bleibt er lieber zu Hause.
Op zulke gure dagen blijft hij liever thuis.

Er drückte sich vielleicht etwas *roh* aus.
Hij drukte zich misschien een beetje ruw uit.

Warum drückt er sich immer so *rüde* aus?
Waarom drukt hij zich altijd zo lomp uit?

Hier muss *schonungslos* vorgegangen werden.
Hier moet hard opgetreden worden.

Ich kenne ihn nur mit einem *struppigen* Bart.
Ik ken hem alleen met een ruige baard.

Bei *stürmischem* Wetter bleiben wir hier im Hafen.
Bij ruw weer blijven we in de haven.

Vor ihm lag das *tosende* Meer.
Voor hem lag de onstuimige zee.

Das Holz ist noch *unbearbeitet*.
Het hout is nog onbewerkt.

Wir sind den ganzen Tag mit unseren Mountain Bikes über *unebenes Gelände* gefahren.
We hebben de hele dag met onze mountainbikes door ruig terrein gereden.

Der Ton, in dem er sprach, war plump und *ungehobelt*.
De toon, waarop hij sprak, was lomp en ongemanierd.

Welch ein **ungehobelter Klotz!*
Wat een ongelikte beer!

Er hat sich äußerst ~*unhöflich* benommen.
Hij heeft zich uiterst onbeleefd gedragen.

Er benimmt sich seinen Angestellten gegenüber *unsittlich*.
Hij gedraagt zich tegenover zijn personeel altijd ongemanierd.

Das ist eine *unverschämte* Bemerkung.
Dat is een onbeschofte opmerking.

Schade, dass dieses Kunstwerk *unvollendet* geblieben ist.
Jammer dat dit kunstwerk onvoltooid gebleven is.

In diesem Land herrscht ein *unwirtliches* Klima.
In dit land heerst een guur klimaat.

Er machte einen *unzivilisierten* Eindruck.
Hij maakte een onbeschaafde indruk.

Er gab die Probleme *in groben Zügen* wieder.
Hij gaf de problemen in grote lijnen weer.

107. Ruzie

Affäre / Ehekrach / Geschimpfe / Haar / Haussegen / Hühnchen / Konflikt / Krach / Luft / Streit / streiten / tun / Uneinigkeit / Wolle / Wort / Zank / zanken / Zänkerei / Zoff

Diese *Affäre* ist noch nicht erledigt.
Dit zaakje is nog niet opgelost.

Bei den Nachbarn gibt es wieder *Ehekrach.*
De buren hebben weer een echtelijke ruzie.

Oh, dieses ewige *Geschimpfe!*
Oh, dat eeuwige gemekker!

Die beiden Brüder *liegen sich ständig in den Haaren.*
De beide broers vliegen elkaar telkens in de haren.

Ich glaube, bei unseren Nachbarn *hängt* mal wieder *der Haussegen schief.*
Ik geloof dat bij de buren de huiselijke vrede ver te zoeken is.

Mit dem habe ich **noch ein Hühnchen* zu *rupfen.*
Met hem heb ik nog een appeltje te schillen.

Der politische *Konflikt* war unvermeidlich.
Het politieke geschil was onvermijdelijk.

Haben die noch immer *Krach?*
Hebben zij nog altijd bonje?

Oje, ich glaube hier herrscht *dicke Luft*.
O jee, volgens mij is de spanning hier om te snijden.

Er *fängt* immer wieder *Streit an*, nicht ich!
Hij begint steeds met ruziemaken, ik niet!

Suchst du **Streit*, oder was?
Zoek je soms ruzie?

Wie ist es zu dem *Streit* gekommen?
Hoe is de ruzie ontstaan?

Die konnten doch nur *streiten*.
Die konden alleen maar kijven.

Wenn du nicht gleich abhaust, *bekommst du es mit mir zu tun*, verstanden!
Als je 'm niet direct smeert, krijg je met mij te doen, begrepen!

Wann ist diese *Uneinigkeit* entstanden?
Wanneer is deze onenigheid ontstaan?

Sie *kriegen* sich jedesmal *in die Wolle*.
Ze gaan elkaar telkens te lijf.

Am Wochenende *gab* wieder mal *ein Wort das andere*.
In het weekend hadden ze weer eens woorden.

Er hasste den ständigen *Zank*.
Hij haatte de voortdurende ruzie.

Er hatte das *Gezänk* satt.
Hij was het gekrakeel zat.

Seine Geschwister *zanken* sich jeden Tag.
Iedere dag ruziën zijn broers en zussen.

Muss diese *Zänkerei* denn sein?
Moet dat gekibbel nu echt?

Sie haben **Zoff* miteinander.
Ze hebben mot met elkaar.

108. Schelden

Ärmel / Arsch / Buckel / dreizehn / Geier / gern haben / gestohlen / Henker / Himmel / Hölle / Käse / Kuckuck / Menschenskinder / Mist / Scheibenkleister / Scheiße / schimpfen / Teufel

***Leck mich am Ärmel!*
Bekijk het maar!

Ach, ***leck mich doch am Arsch!*
Lik m'n reet!

Weißt du was, du kannst ***mich (mal) am Arsch(e) lecken!*
Weet je wat, je kan m'n reet likken!

**Du kannst mir (mal) den Buckel runterrutschen!*
Je kunt de boom in!

**Rutsch mir (doch) den Buckel runter!*
Bekijk het even!

Jetzt schlägt's aber dreizehn!
Nu hebben we de poppen aan het dansen!

**Du kannst mich mal gern haben!*
Je kunt de boom in!

**Du kannst mir gestohlen bleiben!*
Je kunt me gestolen worden!

***Himmel, Arsch und Wolkenbruch/Zwirn*, jetzt ist mir das schon zum zweiten Mal passiert!
Allemachtig, dat is nu al de tweede keer dat mij dat overkomt!

Ja **Himmel Donnerwetter*, wird's jetzt endlich?
Donder en bliksem! Komt er nog wat van?

**Fahr zur Hölle!*
Loop naar de hel!

**Geh zum Kuckuck!*
Bekijk het maar!

**Hol's der Kuckuck/Geier/Henker/Teufel!*
Verduiveld nog aan toe!

Menschenskind(er)! Hast du das denn noch immer nicht kapiert?
Allemachtig! Heb je dat nou nog steeds niet begrepen?

So ein Mist!/*So ein Käse!/So eine Scheiße!*
Verdomme nog aan toe!

**Scheibenkleister/*Scheibenhonig*, jetzt hat es schon wieder nicht geklappt.
Potverdorie, nu is het weer niet gelukt!

Er **schimpfte/fluchte wie ein Rohrspatz*, weil sie vergessen hatte, seine Arznei mitzubringen.
Hij begon vreselijk te schelden omdat zij vergeten was zijn medicijnen mee te nemen.

Jetzt *schimpf* doch nicht (immer) gleich.
Begin toch niet (steeds) te mopperen.

**Dich soll der Teufel holen!*
Moge de duivel je halen!

Ach, **scher dich (doch) zum Teufel* mit deinem dauernden Genörgel!
Ach, loop naar de duivel met je eeuwige gezeur!

109. Schoon / Schoonmaken

aufgeräumt / blitz(e)blank / blütenweiß / Ei / einwandfrei / glasklar / hygienisch / keimfrei / lupenrein / makellos / massiv / ordentlich / rein / sauber / sauber trennen / stubenrein

Er ist ein sehr *aufgeräumter* Herr.
Hij is een keurige man.

Der Fußboden ist wieder *blitz(e)blank*.
De vloer is weer brandschoon.

Die Wäsche ist wieder *blütenweiß*.
De was is weer hagelwit.

Sie kommt daher *wie aus dem Ei gepellt*.
Zij ziet eruit om door een ringetje te halen.

Sie hat einen *einwandfreien* Leumund.
Zij heeft een smetteloze reputatie.

Der Gebirgsbach führte *glasklares* Wasser.
In de bergbeek stroomde glashelder water.

Auf der Intensivstation war *hygienische* Kleidung vorgeschrieben.
Op de intensive-careafdeling was het dragen van steriele kleding verplicht.

Der Verband musste *keimfrei* angelegt werden.
Het verband moest steriel aangebracht worden.

Es handelte sich um einen *lupenreinen* Diamanten.
Het ging hier om een loepzuivere diamant.

Als der Anzug von der Reinigung kam, war er wieder *makellos*.
Toen het pak van de stomerij kwam, was het weer smetteloos.

In diesen Dingen war sie äußerst *ordentlich*.
In dit soort zaken was zij uiterst netjes.

Der Ring war aus *reinem/massivem* Gold.
De ring was van puur goud.

**Bist du noch ganz sauber?*
Ben je wel goed wijs?

Das scheint mir *die sauberste Lösung* zu sein.
Dat lijkt mij de beste oplossing te zijn.

Das hast du sauber gemacht.
Dat heb je uitstekend gedaan.

Dieser Vorschlag ermöglicht uns eine *saubere/einwandfreie Trennung* unserer Firmenanteile.
Dit voorstel stelt ons in staat onze bedrijfsaandelen op een onberispelijke wijze van elkaar te scheiden.

Na da *habt* Ihr ja **eine saubere Wirtschaft zusammen!*
Nou dat is een mooie boel hier!

Wie hast du die Küche wieder so *sauber* gekriegt?
Hoe heb je de keuken weer zo schoon gekregen?

Er konnte die beiden Argumente nicht *sauber trennen*.
Hij was niet in staat om de twee argumenten duidelijk uit elkaar te houden.

Nach einigen Monaten war ihr neuer Hund *stubenrein*.
Na enkele maanden was haar nieuwe hond zindelijk.

110. Schrijven

Arztschrift / Auflistung / aufschreiben / Brief / Briefwechsel / einschreiben / eintragen / Feder / wie gestochen / niederschreiben / Notiz / Papier / Sauklaue / Schönschrift / schreiben / Text / Zeile

Deine *Arztschrift* kann doch niemand lesen.
Jouw hanenpoten zijn echt onleesbaar.

Sarah *macht eine Auflistung* ihrer gesamten CD-Sammlung.
Sarah maakt een lijst van haar complete cd-verzameling.

Noëmie, könntest du kurz *aufschreiben*, was wir noch alles einkaufen müssen?
Noëmie, kun je even kort opschrijven wat we allemaal nog moeten kopen?

Bitte *setzen* Sie in dieser Angelegenheit *einen Brief* an die Lieferfirma *auf*.

Stel alstublieft in deze zaak een brief voor de leverancier op.

Sie *standen* schon Jahre miteinander *in Briefwechsel*.

Ze voerden al jaren een briefwisseling met elkaar.

Ich habe mich an der Universität in Freiburg *eingeschrieben*.

Ik heb me bij de universiteit in Freiburg ingeschreven.

Die Botschaft hatte eine Kondolenzliste aufgelegt, in die sich jeder *eintragen* konnte.

De ambassade had een condoléanceregister neergelegd, waarin iedereen kon inschrijven.

Im Garten sitzend *ergriff* Gregor ~*die Feder* um ein neues Gedicht zu ersinnen.

In de tuin zittend pakte Gregor zijn pen op om een nieuw gedicht te bedenken.

Seine Sekretärin *schrieb wie gestochen/hatte eine gestochene Handschrift/hatte eine gestochen scharfe Handschrift*.

Zijn secretaresse had een zeer duidelijk leesbaar handschrift.

Der Anwalt bat darum, dass die Aussage des Zeugen im Protokoll *niedergeschrieben* wurde.

De advocaat deed het verzoek om de verklaring van de getuige in de notulen te laten opnemen.

Anna *machte* sich nach jeder Stunde *Notizen* über ihre Klienten.

Anna maakte na ieder uur notities over haar klanten.

Er *machte* sich *eine* kurze *Notiz* über das eben geführte Gespräch.

Hij maakte voor zichzelf een korte notitie over het zojuist gevoerde gesprek.

Jonas lernt gerade seine ersten Buchstaben *auf Papier* zu *bringen*.

Jonas leert zojuist zijn eerste letters op papier te zetten.

Versuch mal in *Schönschrift* zu schreiben. Deine **Sauklaue* kann doch sonst niemand entziffern.

Probeer eens in schoonschrift te schrijven. Jouw hanenpoten kan toch niemand ontcijferen.

Er *schreibt* seine Vorschläge zunächst immer *ins Unreine*, bevor er sie richtig *ausformuliert*.

Hij schrijft zijn voorstellen altijd eerst in het klad, voordat hij ze definitief formuleert.

Darüber *könnte* ich *Bände schreiben*.

Daar zou ik eindeloze verhalen over kunnen schrijven.

Sie *schrieb* ihre Reden immer erst *ins Konzept*.

Zij schreef altijd eerst een concept van haar toespraken.

Der Verlag bat ihn, *einen Text* zu diesem Thema zu *verfassen*.

De uitgeverij vroeg hem een stuk over dit thema te schrijven.

Gestern hatte er seit langem wieder einmal *ein paar Zeilen* an seine Eltern *geschrieben*.

Gisteren heeft hij sinds lange tijd weer eens een paar regels aan zijn ouders geschreven.

111. Slaan

Abreibung / Fell / Frack / Fresse / hinter die Ohren / Hucke / Jacke / Klaps / Knie / kurz und klein / ohrfeigen / Prügel / schlagen / übel zurichten / verprügeln / versohlen / windelweich

Ich glaube, dem müssen wir mal *eine (kräftige) Abreibung verpassen*.

Ik geloof dat we hem er eens (flink) van langs moeten geven.

Dir gehört wohl mal **das Fell gegerbt*.

Jij zou er eens flink van langs moeten krijgen.

Hau ab, sonst *polier* ich dir noch ***deine Fresse*.

Donder op, anders sla ik je op je bek.

Pass auf, sonst gibt's eine *hinter die Ohren.*
Pas op, anders krijg je een draai om je oren.

Er *haute* seinem Mitschüler **die Hucke voll.*
Hij gaf zijn medescholier een pak slaag.

Dafür *schlug/haute* ihm sein Vater **die Jacke/*den Frack voll.*
Zijn vader sloeg hem daarvoor bont en blauw.

Sie *gab* dem Kleinen *einen (leichten) Klaps* auf den Hintern.
Zij gaf de kleine een (zachte) tik op het achterwerk.

Sein Vater erzählte ihm, dass sein Vater ihn manchmal noch *übers Knie gelegt hatte.*
Z'n vader vertelde hem dat zijn vader hem soms nog over de knie gelegd had.

Die besoffenen Halbstarken *schlugen (alles) kurz und klein.*
De bezopen nozems sloegen alles kort en klein.

Nachdem der Lehrer zum zweiten Mal einen Schüler *geohrfeigt* hatte, wurde er versetzt.
Nadat de leraar voor de tweede keer een leerling een draai om de oren had gegeven, werd hij verplaatst.

Dafür müsste ich dir eigentlich *eine Tracht Prügel* verabreichen.
Hier zou ik je eigenlijk een pak slaag voor moeten geven.

Er hatte sich in dem Wettkampf *wacker geschlagen.*
Hij had zich in de wedstrijd dapper geweerd.

Immer noch werden jeden Tag viel zu viele *Bäume geschlagen/gerodet.*
Nog steeds worden er dagelijks veel te veel bomen gekapt.

Der Boxer *richtete* seinen Gegner *übel zu.*
De bokser takelde zijn tegenstander vreselijk toe.

Die Jungs *verprügelten* sich fast jeden Tag auf dem Schulhof.
De jongens sloegen elkaar bijna iedere dag op het schoolplein in elkaar.

Sie wurden von ihren Eltern noch nie so richtig *versohlt*.
Zij hebben van hun ouders nog nooit zo'n pak slaag gehad.

Die beiden Fan-Gruppen *droschen/schlugen* sich **windelweich*.
De leden van de beide fanclubs sloegen elkaar bont en blauw.

112. Slapen

dösen / einnicken / Falle / langlegen / in Morpheus' Armen / Murmeltier / Nacht / Nickerchen / Ohr / pennen / pofen / Ruhe / Russe / sägen / Schlaf / schlafen / schlummern / schnarchen / verpennen

Sie *dösten* einen ganzen Mittag am Strand *(vor sich hin)*.
Zij hadden een hele middag op het strand liggen doezelen.

Vater ist mal wieder vor dem Fernseher *eingenickt*.
Vader is weer eens voor de televisie ingedommeld.

Nach getaner Arbeit *hauten* sie sich erst alle **in die Falle*.
Na gedane arbeid gingen ze eerst allemaal even plat.

Bevor sie auf die Party ging, wollte sie sich noch eine halbe Stunde *langlegen*.
Voordat zij naar het feest ging, wou ze eerst nog een half uurtje gaan liggen.

Sie liegt da, als ob sie *~in Morpheus' Armen ruhen* würde.
Zij lijkt zeer tevreden te slapen.

Nach dieser anstrengenden Wanderung *schlief* er *wie ein Murmeltier*.
Na deze inspannende wandeling sliep hij als een marmot.

Sein Großvater *machte* jeden Mittag *ein* kleines *Nickerchen*.
Zijn grootvader deed iedere middag een dutje.

Ich *haue* mich mal für eine Stunde **aufs Ohr*.
Ik ga een uurtje op één oor.

Jetzt ist es schon elf Uhr und du **pennst* immer noch!
Het is nu al elf uur en je ligt nog steeds te maffen!

In letzter Zeit habe ich nie mehr als fünf Stunden pro Nacht **gepoft*.
De laatste tijd heb ik niet meer dan vijf uur per nacht gemaft.

Ihre Eltern hatten sich schon vor einer Stunde *~zur Ruhe begeben*.
Haar ouders hadden zich al een uur geleden te ruste gelegd.

Der **schläft wie tausend Russen*.
Hij slaapt als een os.

Du hast heute Nacht so laut **gesägt*, als wolltest du einen ganzen Wald abholzen.
Je hebt de hele nacht zo hard liggen zagen, alsof je een heel bos wou kappen.

Er *sank*, sofort nachdem er sich hingelegt hatte, *in Schlaf*.
Hij ging liggen en viel meteen in slaap.

Jeden Abend *sang* er sein Kind *in den Schlaf*.
Iedere avond zong hij zijn kind in slaap.

Ssst, seid leise, Tom ist gerade erst *in Schlaf gefallen*.
Ssst, wees stil, Tom is net in slaap gevallen.

Sag mal, *schläfst du/*pennst du?*
Zeg eens, slaap je?

Glaubst du, dass sie schon mal *miteinander geschlafen* haben?
Denk je dat ze al eens met elkaar naar bed zijn geweest?

Schlaf gut, Paul. Ja, *gute Nacht*, Schatz.
Slaap lekker Paul. Ja, welterusten schat.

Sobald sie ihr Kind auf den Arm nahm, *schlummerte* es selig *ein*.
Zodra ze haar kind op de arm nam, viel het in een lichte slaap.

Du hast mal wieder die ganze Nacht *geschnarcht!*
Je hebt weer de hele nacht liggen snurken!

Er hat das Fußballspiel total **verpennt*.
Hij is compleet door de voetbalwedstrijd heen geslapen.

113. Slecht

abscheulich / armselig / elend / erbärmlich / gemein / kläglich / miserabel / mitgenommen aussehen / passen / schlecht / schwach / unwohl / verfaulen / verschimmeln / verwerflich

Was hast du nur für einen *abscheulichen* Charakter.
Wat heb jij toch een afschuwelijk karakter.

Sie wuchs in *armseligen* Verhältnissen auf.
Zij groeide op in armzalige omstandigheden.

Ihm war richtig *elend* zumute.
Hij was er echt ellendig aan toe.

Das Haus war in einem sehr *erbärmlichen* Zustand.
Het huis was in een zeer erbarmelijke staat.

Was für ein **gemeines Mensch* ist sie doch!
Wat is zij toch een gemeen mens!

Der Stürmer schoss aus der zweiten Reihe, aber heraus kam nur ein *kläglicher* Schuss.
De aanvaller schoot van grote afstand, maar raakte de bal allerbelabberdst.

Das ist eine *miserable* Arbeit, die du da abgeliefert hast.
Dat is echt een miserabel stuk werk dat je geleverd hebt.

Sie *sah* ziemlich *mitgenommen aus*.
Zij zag er tamelijk afgemat uit.

Das *passt* mir *im Moment (gar) nicht*.
Dat komt me op het moment (helemaal) niet uit.

Da *wird* mir schon *schlecht*, wenn ich nur daran denke.
Ik word al misselijk bij de gedachte daaraan.

Das Obst ist in der Zwischenzeit sicher schon *schlecht*.
Het fruit is in de tussentijd vast rot geworden.

Der Gebrauchtwagen *war in* einem *schlechten Zustand*.
De tweedehands auto verkeerde in slechte staat.

Er erledigte seine Hausaufgaben *mehr schlecht als recht*.
Hij maakte zich met een jantje-van-leiden van zijn huiswerk af.

Er war noch immer sehr *geschwächt* von seiner Krankheit.
Hij was door zijn ziekte nog steeds erg zwak.

Seine Großmutter *war* nach der Operation noch *ziemlich schwach auf den Beinen*.
Zijn grootmoeder was na de operatie nog erg gammel.

Bei diesem Wetter wurde ihm immer *unwohl*.
Met dit weer voelde hij zich nooit goed.

Der Apfel war innen schon völlig *verfault*.
De appel was van binnen al helemaal verrot.

Er hatte einen ganzen Laib Brot *verschimmeln* lassen.
Hij had een heel brood laten verschimmelen.

Dieser Plan war moralisch einfach *verwerflich*.
Dit plan was moreel gewoonweg verwerpelijk.

114. Snel

Affenzahn / augenblicklich / Beeilung / Beine in die Hand nehmen / blitzschnell / Bruchteil / Dampf / Flug / Geschwindigkeit / Hals über Kopf / im Handumdrehen / Höllentempo / jetzt / wie's Katzen machen / laufen / im Nu / Null Komma nichts / Pistole / plötzlich / rasch / ruck-zuck / schnell / Schnelle / Sekundenbruchteil / stampfen / Windeseile / Zahn / zügig

Manni fuhr mit seinem Manta **mit/in einem Affenzahn* über die Autobahn.
Manni scheurde met zijn Manta over de snelweg.

Ihr macht jetzt *augenblicklich*, dass ihr ins Bett kommt, kapiert!
Jullie gaan nu onmiddellijk naar bed, begrepen!

Beeilung Leute, sonst kommen wir noch zu spät.
Schiet op mensen, anders komen we nog te laat.

*Nun mach schon/Ein bisschen Beeilung bitte/*Ja wird's bald/ *Auf jetzt/*Dalli, dalli/*Jetzt aber ein bisschen plötzlich, ja!*
Schiet nou eens op/Wat meer tempo graag/Gebeurt er nog wat/Schiet op/Maak voort/Nu ogenblikkelijk voortmaken!

Nachdem der Alarm losgegangen war, *nahm* der Einbrecher **seine Beine in die Hand.*
Nadat het alarm afging, ging de inbreker er als een haas vandoor.

Die Aktion ging *blitzschnell* vonstatten.
De actie vond bliksemsnel plaats.

Der Überfall ereignete sich *in einem Bruchteil von Sekunden/in Sekundenbruchteilen.*
De overval vond razendsnel plaats.

Aber **ein bisschen mit Dampf/*mit ein bisschen Dampf*, ja!
Een beetje meer tempo, ja!

Die Tage *vergehen wie im Flug.*
De dagen vliegen voorbij.

Der Rennfahrer fuhr mit *atemberaubender Geschwindigkeit* auf die Kurve zu.
De coureur reed met een adembenemende snelheid op de bocht af.

Als sie die anrückende Polizei sahen, verließen sie *Hals über Kopf* die Wohnung.
Toen ze de snel naderende politie zagen, verlieten zij de woning hals over kop.

Das erledige ich doch *im Handumdrehen!*
Dat krijg ik in een handomdraai voor elkaar!

Trotz der nassen Straßen, fuhren sie **in/mit einem Höllentempo*.
Ondanks de natte straten, scheurden zij als bezetenen.

**Das geht ja wie's Katzen machen.*
Dat gaat echt ontzettend snel.

**Das läuft ja wie geritzt.*
Dat loopt gesmeerd.

Das *läuft* ja *wie geschmiert*.
Dat loopt gesmeerd.

Im Nu hatte sie die Fragen beantwortet.
Ze had de vragen in een oogwenk beantwoord.

Mit dem neuen Hochgeschwindigkeitszug ist man **in Null Komma nichts* am Ziel.
Met de nieuwe hogesnelheidstrein ben je in een oogwenk ter plaatse.

Sie antwortete *wie aus der Pistole geschossen*.
Zij antwoordde bliksemsnel.

Könntest du das Päckchen *rasch* zu unseren Nachbarn bringen?
Zou je dit pakje snel naar onze buren kunnen brengen?

Wenn jeder mit anpackt, sind wir **ruck-zuck* fertig.
Als iedereen even meehelpt, zijn we in een vloek en een zucht klaar.

Das habt ihr doch wohl **ruck-zuck* erledigt, oder?
Dat hebben jullie toch wel even snel-snel afgehandeld, of niet?

Das ging ja *schneller wie die Polizei erlaubt*.
Het ging razendsnel.

Wir können doch vor dem Kino in der Pommes-Bude *auf die Schnelle* noch was essen?
Wij kunnen voor de film toch nog snel even wat in de snackbar eten?

Dieses Gebäude haben sie in nur einem Monat *aus dem Boden gestampft.*
Dit gebouw hebben ze binnen één maand uit de grond gestampt.

In Windeseile hatten sie eine Vorstandssitzung einberufen.
In een sneltreinvaart hadden zij een bestuursvergadering georganiseerd.

Nun mach schon, *leg* noch **einen Zahn zu!*
Kom op, vooruit met de geit!

Bitte passieren Sie *zügig.*
Rijdt u alstublieft vlot door.

115. Spanning

Anspannung / Druck / Erregung / fesseln / gereizt / gespannt / Höhepunkt / Luft / Nervenkitzel / spannend / Spannung / Trieb / Unbehagen / Ungeduld / Verstimmung / wachsen / kaum zurückhalten

Die Anspannung steht ihm ins Gesicht geschrieben.
De spanning is van z'n gezicht te lezen.

Können Sie in einer Stunde nochmal anrufen? Ich *stehe* im Moment furchtbar *unter Druck.*
Kunt u over een uur terugbellen? Momenteel sta ik verschrikkelijk onder druk.

Die *Erregung/Spannung war* für den Zuschauer *(regelrecht) greifbar.*
De spanning was voor de toeschouwers (duidelijk) waarneembaar.

Ihr Vater erzählte ihnen abends immer *(unheimlich) fesselnde* Geschichten.

Hun vader vertelde hun 's avonds altijd (ongelofelijk) boeiende verhalen.

Warum *bist* du jetzt auf einmal so *gereizt?*

Waarom ben je ineens zo geprikkeld?

Gespannt warten sie auf ihr Idol.

Gespannen wachten ze op hun idool.

Er hatte *seine Erwartungen zu hoch gespannt.*

Zijn verwachtingen waren te hoog gespannen.

Das Drama *erreichte seinen Höhepunkt* im dritten Akt.

Het drama bereikte haar hoogtepunt in de derde akte.

Die Luft war (wie) zum Schneiden.

De spanning was om te snijden.

Für ihn *war die Luft noch nicht raus*, er witterte noch eine Chance.

Hij gaf het nog niet op, hij rook nog een kans.

Sie liebte diesen *Nervenkitzel.*

Zij hield van deze zenuwprikkeling.

Das Spiel *wurde* mit zunehmender Dauer *immer spannender.*

Het spel werd, naarmate de tijd verstreek, steeds spannender.

Vorsicht! Das Kabel *steht unter Spannung.*

Voorzichtig! De kabel staat onder spanning.

Du kannst doch nicht einfach immer deinem *Trieb* nachgeben?

Je kunt toch niet eenvoudigweg steeds aan die drang toegeven?

Die Oppositionspartei äußerte ihr *Unbehagen* über diesen Beschluss der Regierung.

De oppositiepartij uitte haar ongenoegen over dit besluit van de regering.

Die Kinder *ertrugen* den Weihnachtsabend *nur mit Ungeduld.*

De kinderen waren op kerstavond heel ongeduldig.

Die *Verstimmung* war deutlich fühlbar.
De irritatie was duidelijk voelbaar.

Ihre Vorfreude auf ein Wiedersehen mit ihm *wuchs jeden Tag*.
Haar voorvreugde op een weerzien met hem groeide met de dag.

Sie *konnte* ihre Neugier *kaum noch zurückhalten*.
Zij kon haar nieuwsgierigheid nauwelijks onder stoelen of banken steken.

116. Spijt

bedauerlicherweise / bedauern / Bedauern / bereuen / entschuldigen / Gewissensbisse / Kummer im Herzen / Leid / Leidwesen / schade / Vergebung / Verzeihung / vorkommen

Bedauerlicherweise konnte der Künstler heute Abend nicht selbst kommen.
Jammer genoeg kon de kunstenaar zelf vanavond niet komen.

Ich *bedauere sehr*, dich nicht zum Flughafen fahren zu können.
Ik vind het erg jammer, dat ik je niet naar het vliegveld kan brengen.

Zu meinem (großen) Bedauern muss ich Euch morgen wieder verlassen.
Tot mijn (grote) spijt moet ik jullie morgen weer verlaten.

Das wirst du noch bereuen!
Dat zal je nog berouwen!

Ich bereue nichts!
Ik heb nergens spijt van!

Ich *bereue* wirklich, was ich getan habe.
Ik betreur echt wat ik gedaan heb.

Bitte entschuldigen Sie, aber so war das gar nicht gemeint.
Sorry, zo was het helemaal niet bedoeld.

Am nächsten Morgen *hatte* sie dann doch *Gewissensbisse*.
De volgende morgen had ze dan toch wroeging.

~*Mit Kummer im Herzen* sah sie ihren Bruder im Krankenhausbett an.
Met leedwezen in haar hart keek ze naar haar broer in het ziekenhuisbed.

Seit dem Tod seiner Frau ~*nagt der Kummer an seinem Herzen*.
Sinds de dood van zijn vrouw knaagt het leed aan zijn hart.

Das wird dir noch mal *leid tun!*
Daar zul je nog een keer spijt van krijgen!

Es tut mir leid, aber ich kann Ihnen in dieser Sache nicht weiterhelfen.
Het spijt me, maar ik kan u in deze zaak niet verder helpen.

Zu meinem Leidwesen muss ich Ihnen leider mitteilen, dass noch in diesem Jahr einige Arbeitsplätze in unserer Firma verloren gehen werden.
Tot mijn spijt moet ik u helaas meedelen dat er dit jaar nog enkele arbeidsplaatsen in ons bedrijf verloren zullen gaan.

Das ist zwar *schade*, aber es lässt sich eben nicht mehr ändern.
Dat is weliswaar spijtig, maar er is nu eenmaal niets meer aan te doen.

Er *bat* seine Frau *um Vergebung*.
Hij vroeg zijn vrouw om vergeving.

Ich *bitte* Sie vielmals *um Verzeihung*.
Ik vraag u nadrukkelijk om vergeving.

**Soll nicht wieder vorkommen.*
Het zal niet weer gebeuren.

117. Teleurstelling

wie bestellt und nicht abgeholt / Dämpfer / Desillusionierung / Dusche / enttäuschen / Gesicht / Hand / Illusion / Misserfolg / Mund / nicht gedacht / Pille / Pudel / sang- und klanglos / Schnute / Seifenblase / Überraschung

Er **stand da wie bestellt und nicht abgeholt.*

Hij stond er treurig bij.

Ihre Hoffnungen auf eine Beförderung *erlitten einen (gehörigen) Dämpfer.*

Haar hoop op een promotie liep een flinke deuk op.

Angesichts des schlechten Firmenresultates machte sich *Desillusionierung* in der Runde breit.

Door de slechte bedrijfsresultaten raakte men gedesillusioneerd.

Dass sie ihn so plötzlich verlassen hatte, war *eine eiskalte Dusche* für ihn.

Dat ze hem zo plotseling had verlaten, was een koude douche voor hem.

Bist du auch so *enttäuscht* von dem Spiel?

Ben jij ook zo teleurgesteld over het spel?

Du enttäuschst mich wirklich!

Je stelt me echt teleur!

Als er sah, dass die Vorstellung bereits ausverkauft war, *machte/zog er ein langes Gesicht.*

Toen hij zag dat de voorstelling al uitverkocht was, trok hij een lang gezicht.

Ich habe bei dem Hochwasser alles verloren. Jetzt *stehe* ich *mit leeren Händen da.*

Ik heb door het hoge water alles verloren. Nu sta ik met lege handen.

Nach der schlechten Klausur war er wieder um *eine Illusion ärmer geworden.*
    Na het slechte tentamen was hij weer een illusie armer.

Die neue Bäckerei um die Ecke erwies sich als *Misserfolg.*
    De nieuwe bakkerij om de hoek bleek geen succes te zijn.

Verzieh nicht gleich *deinen Mund*, nur weil du heute Abend nicht mehr auf die Straße darfst.
    Trek nou niet meteen een pruillip, alleen omdat je vanavond niet meer de straat op mag.

Das hätte ich nicht von dir gedacht!
    Dat had ik niet van jou verwacht!

Der Aufsteiger musste mit der 1-6 Niederlage **eine bittere Pille schlucken.*
    Het gepromoveerde team moest met een 1-6 nederlaag een bittere pil slikken.

Nachdem ihn sein Chef kräftig ausgescholten hatte, *stand* er **da wie ein begossener Pudel.*
    Nadat zijn chef hem flink de waarheid had gezegd, stond hij er beduusd bij.

Nachdem die Gegenpartei nicht auf ihren Vorschlag einging, zogen sie *sang- und klanglos* wieder ab.
    Nadat de tegenpartij niet op hun voorstel inging, taaiden zij futloos af.

Jetzt *zieh* nicht gleich so **eine Schnute*, wenn du mal keine Schokolade bekommst.
    Trek niet meteen zo'n gezicht als je eens geen chocola krijgt.

Meine Hoffnungen auf die Stelle sind nach dem Anruf *wie eine Seifenblase zerplatzt.*
    Mijn hoop op de baan is na het telefoontje in rook opgegaan.

Die Ankündigung, dass Monica die Arbeitsstelle wechseln möchte, war für ihre Chefin eine *unangenehme Überraschung.*
    De aankondiging dat Monica van baan zou willen veranderen, kwam voor haar cheffin als een onaangename verrassing.

118. Tevreden

Anspruch / begnügen / bescheiden / erleichtern / Frieden / fürlieb nehmen / genügsam / glücklich / vorlieb nehmen / wohlich / zufrieden / zufriedenstellend

Sie *stellten keine hohen Ansprüche* an das Hotelzimmer.
Zij stelden geen hoge eisen aan de hotelkamer.

Ihr Vater *begnügte* sich mit einem kleinen Imbiss.
Haar vader nam genoegen met een tussendoortje.

Er ist ein *bescheidener* Herr.
Hij is een bescheiden man.

Der Trainer blickte *erleichtert* auf die letzte Saison zurück.
De trainer blikte opgelucht terug op het afgelopen seizoen.

Jetzt *lass sie* doch erst mal *in Frieden* ihre Hausaufgaben machen!
Laat haar toch eerst eens rustig haar huiswerk maken!

Sie *hat Frieden mit dem Rest der Welt.*
Zij heeft vrede met de rest van de wereld.

Dieses Mal musste er mit einem Stehplatz *fürlieb nehmen.*
Dit keer moest hij met een staanplaats genoegen nemen.

Sie sind *genügsame* Leute, mit ihnen werdet ihr sicher gut auskommen.
Zij zijn genoegzame mensen; jullie zullen het vast goed met elkaar kunnen vinden.

Ich bin *wunschlos glücklich.*
Ik ben volmaakt gelukkig.

Er *nahm* mit der Taschenbuchausgabe *vorlieb.*
Hij nam genoegen met de pocketuitgave.

Was für eine *wohliche* Wärme ist in eurem Wohnzimmer.
Wat is het aangenaam warm in jullie huiskamer.

Bist du mit dem Ergebnis deiner Klausur *zufrieden?*
Ben je tevreden met het resultaat van het tentamen?

Er *war mit sich und der Welt zufrieden.*
Hij had vrede met zichzelf en de (buiten)wereld.

Lass mich (doch) zufrieden!
Laat me (toch) met rust!

Macht keine Umstände, wir *geben* uns auch *mit wenig zufrieden.*
Doe geen moeite. Wij zijn met weinig tevreden.

Sie brauchen keinen Luxus, sie *sind* schon *mit (sehr) wenig zufrieden.*
Zij hebben geen luxe nodig, zij zijn al met (heel) weinig tevreden.

Sie *ist zufrieden mit sich selbst.*
Zij heeft vrede met zichzelf.

Der Schüler hatte eine *zufrieden stellende* Arbeit abgeliefert.
De leerling heeft een bevredigend werkstuk ingeleverd.

119. Toestemmen

beipflichten / bestätigen / billigen / einverstanden / genehmigen / Geschmack / gutheißen / Herz / Horn / Ja und Amen / machen / meinen / meinetwegen / recht sein / Sinne / von mir aus / Wort / zustimmen / Zustimmung

Er *pflichtete* seiner Vorrednerin *bei.*
Hij was het eens met de vorige spreekster.

Das Labor hat heute Morgen das Ergebnis des Tests *bestätigt.*
Het laboratorium heeft vanmorgen het resultaat van de test bevestigd.

Sie *billigte* sein Verhalten.
Zij keurde zijn gedrag goed.

Ihre Mutter war damit *einverstanden*, dass sie noch eine halbe Stunde aufbleiben durften.
Hun moeder vond het goed dat zij nog een half uurtje opgebleven.

Wer hat das *genehmigt?*
Wie heeft dat goedgekeurd?

Dieses Theaterstück *ist ganz nach meinem Geschmack.*
Dit theaterstuk is helemaal naar mijn smaak.

Die Lehrerin *hieß* die Vorschläge der Klasse *gut.*
De lerares stemde in met de voorstellen van de klas.

Er *stimmte* ihr *aus vollem Herzen zu.*
Hij was het volledig met haar eens.

Die Schüler des Professors werden sicherlich in *dasselbe Horn stoßen* wie ihr Lehrmeister.
De leerlingen van de professor zullen ongetwijfeld dezelfde mening hebben als hun leermeester.

Du machst dir's einfach, du *sagst* einfach *zu allem Ja und Amen!*
Jij maakt je er makkelijk van af, je zegt gewoon op alles ja en amen!

**(Dann) mach doch was du willst!*
Zoek het dan maar uit!

Bitte, *wie du meinst*, dann bleiben wir eben zu Hause.
Goed, zoals je wilt, dan blijven we gewoon thuis.

Meinetwegen, wenn es unbedingt sein muss.
Voor mijn part, als het dan echt moet.

Mir soll's recht sein. Wenn du nur nicht danach kommst und dich beklagst.
Mij is het om het even. Als je maar niet achteraf je beklag komt doen.

Ich denke, es *ist (ganz) in ihrem Sinne*, wenn wir jetzt so handeln.

Ik denk dat het (helemaal) in haar straatje past, als wij nu zo te werk gaan.

Von mir aus!

Wat mij betreft!

Du *nimmst* mir *das Wort aus dem Mund*. Das wollte ich auch gerade sagen.

Je haalt me de woorden uit de mond. Dat wou ik ook net zeggen.

Hierin kann ich nicht *zustimmen!*

Hier kan ik niet in toestemmen!

Sie *gab* ausdrücklich *ihre Zustimmung* für den Aufkauf dieser Aktien.

Zij gaf haar uitdrukkelijke toestemming voor de aankoop van deze aandelen.

120. Trots

arrogant / aufblasen / Erhabenheit / erheben / Fratzke / Größe und Würde / herablassend / hochnäsig / siegesbewusst / stolz / Stolz / triumphierend / überheblich / Vornehmheit / ein Zacken aus der Krone fallen

Er wies den Vorschlag *arrogant* ab.

Hij wees het voorstel arrogant af.

Sie brauchen sich wegen dieser Sache überhaupt nicht so *aufzublasen!*

U hoeft zich vanwege deze zaak echt niet zo groot voor te doen!

Seine Person ~*ist von Erhabenheit umfleucht*.

Zijn persoon is omgeven met verhevenheid.

Hocherhobenen Hauptes schritt er auf seine Gegner zu.

Met opgeheven hoofd liep hij op zijn tegenstanders af.

Mit erhobenem Kopf hörte sich der Angeklagte die Beschuldigungen des Staatsanwaltes an.
Met opgeheven hoofd luisterde de verdachte naar de beschuldigingen van de officier van justitie.

Was für ein *eingebildeter Fratzke* ist das!
Wat een verwaande kwast is dat!

Sie vertrat ihr Amt mit *~Größe* und *~Würde*.
Zij vertegenwoordigde haar ambt op grootse en waardige wijze.

Ihr Chemielehrer hatte eine *herablassende* Art.
Haar scheikundeleraar had een denigrerende manier van doen.

Ein bisschen *hochnäsig* ist sein neuer Kollege schon.
Een beetje verwaand is zijn nieuwe collega wel.

Siegesbewusst ging der 100-Meter-Läufer an den Start.
Zeker van zijn overwinning ging de honderdmeterloper naar de start.

Er *ist (unheimlich) stolz* auf diese Leistung.
Hij is (ongelooflijk) trots op deze prestatie.

Sie *sind mächtig stolz* auf ihre kleine Tochter.
Zij zijn geweldig trots op hun kleine dochter.

Die Zwillinge *waren der ganze Stolz* der jungen Familie.
De tweeling was de grote trots van het jonge gezin.

Es *verletzte ihren Stolz*, so wie er mit ihr umging.
De manier waarop hij met haar omging, krenkte haar trots.

Stolz wie Oskar präsentierte er ihnen sein neues Spielzeug.
Zo trots als een pauw liet hij hun zijn nieuwe speelgoed zien.

Sie machte eine *triumphierende* Gebärde in Richtung Publikum.
Ze maakte een triomferend gebaar naar het publiek.

Warum benimmst du dich denn so *überheblich?*
Waarom doe je zo uit de hoogte?

Sie bewahrten in jeder Situation eine gewisse ~*Vornehmheit.*
Zij behielden in iedere situatie een zeker aanzien.

Wenn du das zugeben müsstest, würde dir wahrscheinlich **ein Zacken aus der Krone fallen*, was?
Het zou waarschijnlijk je eer te na zijn als je dat zou moeten toegeven, nietwaar?

121. Trouw

anhänglich / Diener / dick und dünn / ergeben / linientreu / loyal / wie Pech und Schwefel / treu / Treue / treu und brav / unverbrüchlich / unzertrennlich / verlassen / zueinander stehen / zusammenbleiben / zusammenhalten

Er war sehr *anhänglich.*
Hij was erg aanhankelijk.

~*Er war ein treuer Diener seines Herrn.*
Hij was een trouwe dienaar van zijn meester.

Sie *gehen* gemeinsam *durch dick und dünn.*
Ze bleven elkaar door dik en dun trouw.

Seine Sekretärin war ihm sehr *ergeben.*
Zijn secretaresse was hem zeer toegewijd.

Er verhielt sich dem Regime gegenüber immer *linientreu.*
Hij bleef het regime trouw.

Seine Chefin hatte immer *loyal* zu ihm gestanden.
Zijn cheffin had zich altijd loyaal naar hem opgesteld.

Die beiden sind wie Pech und Schwefel.
Die twee zijn twee handen op één buik.

Das Zwillingspaar war sich *treu wie Gold.*
De tweeling was elkaar trouw.

Die Angestellte ist *eine treue Seele.*
De werkneemster is een trouwe ziel.

Die Gefolgsleute des Guerillaführers waren ihm *treu bis in den Tod.*
De volgelingen van de guerillaleider bleven hem trouw tot aan de dood.

Sie *blieb ihren Prinzipien* zu jeder Zeit *treu.*
Zij bleef haar principes altijd trouw.

Sie *schworen ihm Treue bis zum letzten (Tropfen Blut).*
Zij zworen hem trouw tot het uiterste.

Sie versprachen einander in guten wie in schlechten Tagen die *Treue* zu *halten.*
Zij beloofden elkaar trouw te blijven, zowel in goede als in slechte tijden.

Er verrichtet die Aufgaben immer *treu und brav.*
Hij verricht de opdrachten altijd trouw.

Sie führten eine *unverbrüchliche* Ehe.
Zij hadden een erg goed huwelijk.

Die beiden Schwestern waren *unzertrennlich.*
De beide zussen waren onafscheidelijk.

Auf ihn kannst du dich (fest) verlassen!
Op hem kun je bouwen!

Sie *standen* auch in dieser schwierigen Situation *zueinander.*
Zij steunden elkaar ook in deze moeilijke situatie.

Ob sie wirklich ihr ganzes Leben *zusammenbleiben* werden?
Of ze echt hun leven lang bij elkaar zullen blijven?

Sie *hielten* auch in dieser Sache *zusammen.*
Zij bleven elkaar ook in deze zaak trouw.

122. Uitleggen

anschaulich darstellen / ausführen / auslegen / Bild / darlegen / demonstrieren / einweihen / erklären / erläutern / explizieren / greifbar machen / herausarbeiten / illustrieren / klar und deutlich / klarmachen / konkretisieren / rekonstruieren / unterrichten / veranschaulichen / wiedergeben

Sie *stellte* das Problem *anschaulich dar.*
Zij maakte het probleem aanschouwelijk.

Könnten Sie ihre Pläne etwas *näher ausführen?*
Kunt u uw plannen wat meer uiteenzetten?

Literatur kann auf viele verschiedene Arten *ausgelegt* werden.
Literatuur kan op veel verschillende manieren geïnterpreteerd worden.

Edwin wird euch über die folgende Grammatikübung *ins Bild setzen.*
Edwin zal jullie de volgende grammatica-oefening verduidelijken.

Dann *legen* Sie mir doch endlich mal den Unterschied *dar*!
Legt u me het verschil nu eindelijk eens uit!

Er *demonstrierte* seine Aussage anhand vieler Dias.
Hij lichtte zijn uitspraak toe aan de hand van vele dia's.

Er *weihte* seine Schwester in das Geheimnis *ein.*
Hij wijdde zijn zus in in het geheim.

Könnten Sie mir das bitte *erklären?*
Kunt u mij dat alstublieft uitleggen?

Wie *erklären* Sie *sich* das?
Hoe verklaart u dat?

Wim *erläuterte* seinen Studenten die nächste Grammatikübung.
Wim verduidelijkte zijn studenten de volgende grammatica-oefening.

Könnten Sie ihre Frage bitte noch etwas mehr ~*explizieren?*
Zou u uw vraag misschien wat kunnen verduidelijken?

Ich werde Ihnen das Modell mit einigen Beispielen *greifbar machen.*
Ik zal u het model met enkele voorbeelden inzichtelijk maken.

Diesen Punkt müssen Sie *noch deutlicher/mehr herausarbeiten.*
Dit punt moet u nog wel wat uitwerken.

Könnten Sie Ihre These mit einigen Beispielen *illustrieren?*
Kunt u uw stelling met enkele voorbeelden illustreren?

Nun sagen Sie doch mal *klar und deutlich*, was Sie eigentlich meinen!
Zegt u me nu eens duidelijk en precies wat u nou eigenlijk bedoelt!

Er versuchte seinen Kinder *klarzumachen*, dass sie jetzt gleich ins Bett mussten.
Hij probeerde zijn kinderen duidelijk te maken dat ze nu meteen naar bed moesten.

Könnten Sie noch ein bisschen *konkretisieren*, worauf Sie hinausmöchten?
Waar wilt u heen, kunt u wat concreter zijn?

Der Kommisar *rekonstruierte* den Fall noch einmal Schritt für Schritt während der Gerichtsverhandlung.
De commissaris reconstrueerde de zaak tijdens het proces nog eens stap voor stap.

Sie *unterrichtete* ihren Chef über die Anrufe, die während seiner Abwesenheit hereingekommen waren.
Zij deed haar chef verslag van de telefoontjes die tijdens zijn afwezigheid waren binnengekomen.

Nathalie *veranschaulicht* ihre These anhand einiger Beispiele aus der Literatur.
Nathalie verduidelijkt haar stelling aan de hand van enkele voorbeelden uit de literatuur.

Können Sie genau *wiedergeben*, was passiert ist?
Kunt u precies weergeven wat er gebeurd is?

123. Val / Vallen

abfallen / abstürzen / ausrutschen / Bums / Fall / fallen / Fallstrick / heruntersetzen / hinhauen / Klemme / Plumps / Rückfall / Rückgang / Schlinge / sich setzen / senken / Sturz / Verderb / Verfall / zusammenbrechen

Er landete *abgefallen* auf dem dreizehnten Platz.
Hij eindigde kansloos op de dertiende plaats.

An welcher Stelle ist das Flugzeug *abgestürzt?*
Op welke plek is het vliegtuig neergestort?

Der Torwart *rutschte aus*.
De doelman maakte een schuiver.

Mit einem *Bums* landete er im Wasser.
Met een plons kwam hij in het water.

Also gut, in deinem *Fall* werde ich von einer Strafe absehen.
Oké, in jouw geval zal ik van straf afzien.

Der Kommissar konnte auch diesen *Fall aufklären*.
De commissaris kon ook dit geval ophelderen.

Die Aktien sinken heute Morgen *im freien Fall*.
De aandelen maken vanmorgen een vrije val.

Er *stellte* uns *eine Falle*.
Hij zette een valstrik voor ons.

Im Fall Hausmann gegen Schulze wird heute ein Urteil gefällt.
In de zaak Hausmann versus Schulze zal vandaag uitspraak worden gedaan.

Das hättest du nicht tun dürfen! Jetzt bist du tief *in meiner Achtung gefallen.*

Dat had je niet moeten doen! Nu ben je diep in mijn achting gedaald.

Fällt das Kleid so gut oder soll ich die Naht hier noch etwas anders nähen?

Valt de jurk zo goed, of zal ik de naad hier nog een beetje anders naaien?

Heute muss *die Entscheidung fallen!*

Vandaag moet de beslissing vallen!

Mein Mann ist *im Krieg/als Soldat gefallen.*

Mijn man is in de oorlog/als soldaat gevallen.

Mit seinem Vorschlag ist er ja ganz schön *aufs Kreuz gefallen.*

Hij is met dat voorstel behoorlijk onderuit gegaan.

Wenn du bei dem Glatteis nicht aufpasst, *fällst* du ruckzuck *auf dein verlängertes Rückrat.*

Als je bij ijzel niet oppast, lig je voor je het weet op je achterste.

Was für ein *Fallstrick* hast du dir dieses Mal ausgedacht?

Wat voor valstrik heb je deze keer bedacht?

Heute hat es mich beim Schlittschuhlaufen gleich zweimal *der Länge nach hingehauen.*

Vandaag ben ik met schaatsen twee keer onderuit gegaan.

Er *sitzt in der Klemme.*

Hij zit in de val.

Plumps! Da lag er.

Plof! Daar lag hij.

Wie lässt sich der *Rückfall* erklären?

Hoe kan de terugval verklaard worden?

Der Umsatz zeigt einen schlimmen *Rückgang.*

De omzet vertoont een behoorlijke teruggang.

Er fängt sich in seiner eigenen *Schlinge*.
Hij is in z'n eigen val gelopen.

Gert hat *sich* heute Morgen auf dem Schulweg *auf seine vier Buchstaben gesetzt*.
Gert is vanmorgen op weg naar school op z'n achterste gevallen.

Sie haben die Preise um nochmal 20% *gesenkt/heruntergesetzt*.
Ze hebben de prijzen met nog eens 20% verlaagd.

Das war ein schlimmer *Sturz*.
Dat was een lelijke smak.

Du *stürzt* dich noch *ins Verderben!*
Je stort je nog in de ondergang!

Mein Opa warnte uns auch immer schon vor *dem Verfall der Sitten*.
Mijn opa waarschuwde ons altijd voor zedenverval.

Kurz vor dem Ziel *brach* er *zusammen*.
Vlak voor de finish stortte hij in.

124. Veel

drängen / Flut / Fragen über Fragen / Geld wie Dreck / Gott / Hinz und Kunz / Hülle und Fülle / massenhaft / Menge / Nachrichtenstrom / wie Pilze aus dem Boden schießen / Platz / wie Sand am Meer / Stadt / Sturm / Übermaß / übersät / unermesslich / unerschöpflich / viel / viel zu viel / voll

Die Zuschauer *standen dicht gedrängt* am Bühnenrand.
De toeschouwers stonden dicht opeengepakt bij de rand van het podium.

Diese Sendung verursachte eine *Flut* von Reaktionen.
De uitzending veroorzaakte een stortvloed van reacties.

Fragen über Fragen, aber keine Antworten.
Vragen, vragen, maar geen antwoorden.

Die Wirtschaftsbosse *haben* doch alle **Geld wie Dreck.*
De bedrijfsbobo's hebben toch allemaal geld als water.

Der *kennt Gott und die Welt.*
Hij kent alles en iedereen.

Du musst ja *mit Gott und der halben Welt verwandt sein*, wenn du soviele Leute eingeladen hast.
Je moet wel heel de wereld kennen, als je zoveel mensen uitgenodigd hebt.

Von solchen Zeitschriften *gibt* es doch nun schon *weiß Gott genug auf der Welt.*
Zulke tijdschriften zijn er toch al genoeg.

Du *kennst* wohl *Hinz und Kunz*, was!
Jij kent echt jan en alleman, zeg!

CD's gibt es *in Hülle und Fülle.*
Er zijn volop cd's.

Wir haben in unserer Bibliothek *massenhaft* Literatur zu diesem Thema.
We hebben in onze bibliotheek heel veel literatuur over dit onderwerp.

Das kann noch *eine ganze Menge* Ärger geben.
Dat kan nog een grote hoeveelheid ergernis opleveren.

Der *Nachrichtenstrom* über die Katastrophe riss nicht mehr ab.
De stroom van berichten over de ramp nam niet meer af.

In den neuen Ländern *schießen* neue Betriebe *wie Pilze aus dem Boden.*
In de nieuwe deelstaten schieten nieuwe bedrijven als paddestoelen uit de grond.

Die Halle *war bis auf den letzten Platz besetzt.*
De zaal was tot de nok toe gevuld.

Hier gibt es Hochhäuser *wie Sand am Meer.*
Hier zijn flats in overvloed.

Am letzten Samstag vor Weihnachten könnte man gerade meinen, *die halbe Stadt ist unterwegs.*
Op de laatste zaterdag voor Kerst kun je wel zeggen dat de halve wereld op pad is.

Vor der Benzinpreiserhöhung *gab* es nochmal *einen regelrechten Sturm auf die Tankstellen.*
Voor de benzineprijsverhoging was er nog een run op de pompen.

Sie haben zu ihrer Hochzeit ein *Übermaß* an Geschenken bekommen.
Ze hebben op hun bruiloft overmatig veel cadeaus gekregen.

Der Schreibtisch war *übersät* mit Zetteln.
Het bureau lag bezaaid met briefjes.

Ich danke Ihnen für Ihre *unermessliche* Geduld mit mir.
Ik dank u voor uw onmetelijk geduld met mij.

Die Möglichkeiten sind nicht *unerschöpflich.*
De mogelijkheden zijn niet onuitputtelijk.

Wir haben *ein unerschöpfliches Maß* an Vorräten in unserem Lager.
Wij hebben een onuitputtelijke hoeveelheid aan voorraden in ons magazijn liggen.

Er hat *viel* Geduld mit mir.
Hij heeft veel geduld met mij.

Halt! Das ist doch eh schon *viel zu viel.*
Stop! Dat is toch al veel te veel.

Das Theater war gestern Abend *brechend/gepropft/gestopft/ gerammelt/gerappelt voll.*
Het theater was gisteren propvol.

Im Konzert *war* es *zum Bersten/Platzen voll.*
Tijdens het concert was het barstensvol.

125. Veilig / Onveilig

beschützt / Gefahr / gefährlich / gefeit sein / geschützt / krisenfest / Risiko / riskant / sicher / sicherer Hafen / Spiel mit dem Feuer / Teufel / ungefährlich / ungewisse Zukunft / unsicher

Die beiden suchten einen *beschützten* Ort.
De twee zochten een beschut plekje.

Beruhigen Sie sich, Sie *sind außer Gefahr*.
Rustig maar, u bent buiten gevaar.

Mit einem Hut auf dem Kopf *bin* ich *gefeit vor* der brennenden Sonne.
Met een hoed op het hoofd ben ik beschermd tegen de brandende zon.

Sie wuchs in einer *geschützten* Umgebung auf.
Ze groeide in een beschermde omgeving op.

Das scheint mir eine *krisenfeste* Firma.
Dat lijkt me een solide bedrijf.

Der heutige Flugverkehr ist sehr *sicher*.
Het huidige vliegverkeer is erg veilig.

Sie können *sicher* sein, er kommt nicht.
U kunt gerust zijn, hij komt niet.

Mit dieser Stimmenanzahl hatten sie *den sicheren Hafen erreicht*.
Met dit aantal stemmen zijn ze binnen.

Das ist *ein gefährliches Spiel*, was du da *treibst/spielst*.
Dat is een gevaarlijk spel dat je daar speelt.

Eine Teilnahme ist nicht *ohne Risiko*.
Deelname is niet zonder gevaar.

Warum sollte ich *ein* solch *(großes) Risiko eingehen?*
Waarom zou ik zo'n (groot) risico nemen?

Das ist viel zu *riskant!*
Dat is veel te riskant!

Er *war sich* der richtigen Lösung nicht *sicher.*
Hij was niet zeker van de juiste oplossing.

Was du da machst, ist *ein Spiel mit dem Feuer!*
Wat je daar doet is spelen met vuur!

Wenn du das tust, *kommst/gerätst* du *in Teufels Küche.*
Als je dat doet, raak je in een lastig parket.

Das ist aber nicht *ungefährlich!*
Dat is niet ongevaarlijk!

Sie *schauen einer ungewissen Zukunft entgegen.*
Zij gaan een onzekere toekomst tegemoet.

Abends ist es in diesem Viertel viel zu *unsicher.*
's Avonds is het in deze wijk veel te onveilig.

Er *bewegte sich* mit dieser Aussage *auf unsicherem Boden.*
Hij begeeft zich met deze verklaring op glad ijs.

Man konnte dem Politiker anmerken, dass er *sich* bei diesem Thema *auf unsicherem Terrain befand.*
Men kon aan de politicus merken, dat hij zich met dit onderwerp op onbekend terrein bevond.

126. Veranderen

abändern / Abwechslung / ändern / anders / Ausbesserung / aus der Haut heraus / Klimawechsel / Korrektur / modifizieren / Neubesetzung / Tapetenwechsel / Tendenzwende / umarbeiten / Umbruch / umschlagen / verändern / Veränderung / verbessern / verstellen / verwandeln / Wechsel / wechseln / Wende

Das Modell wurde *abgeändert.*
Het model werd iets gewijzigd.

Wir müssen mal wieder etwas *Abwechslung* in unser Leben bringen.
We moeten weer eens wat afwisseling in ons leven brengen.

Konnte der Autor den Anfang nicht *ändern?*
Kon de schrijver het begin niet veranderen?

Er benahm sich *anders* als sonst.
Hij gedroeg zich anders dan anders.

Die *Ausbesserung* der Motoren ist notwendig.
De revisie van de motoren is noodzakelijk.

Er *kann aus seiner Haut nicht heraus.*
Hij kan zich niet veranderen.

Ich könnte mal wieder *einen Klimawechsel/Tapetenwechsel gebrauchen.*
Ik ben wel weer eens aan verandering toe.

Höchste Zeit für eine letzte *Korrektur.*
Hoogste tijd voor een laatste correctie.

Wir können den Vorschlag nicht weiter *modifizieren.*
We kunnen het voorstel niet verder bijstellen.

Hast du schon von der *Neubesetzung* der Theatergruppe gehört?
Heb je al van de nieuwe bezetting van de theatergroep gehoord?

Die Wirtschaft wartet auf eine *Tendenzwende.*
De economie wacht op een koerswijziging.

Der Autor wollte das Theaterstück *umarbeiten.*
De schrijver wilde het toneelstuk bewerken.

Das war für die SPD der große *Umbruch.*
Dat was voor de SPD de grote ommekeer.

Das Wetter wird *umschlagen.*
Het weer zal omslaan.

Sie hatte ihn am Telefon nicht erkannt, weil er seine Stimme *verändert* hatte.
Ze had hem aan de telefoon niet herkend, omdat hij zijn stem veranderd had.

Sie mussten sich den *verändernden* Umständen anpassen.
Zij moesten zich aan de veranderende omstandigheden aanpassen.

Das war die *Veränderung* seines Lebens.
Dat was de verandering van zijn leven.

Die Fehler im Text sind *verbessert* worden.
De fouten in de tekst zijn verbeterd.

Für das Theaterstück musste er seine Stimme *verstellen.*
Voor het toneelstuk moest hij zijn stem verdraaien.

Diese Raupen *verwandeln* sich im Frühjahr in Schmetterlinge.
Deze rupsen veranderen in het voorjaar in vlinders.

Ein ständiger *Wechsel* im Angebot macht das Publikum unsicher.
Een voortdurende verandering van aanbod maakt het publiek onzeker.

Er wechselt Frauen wie andere Leute Hemden.
Hij verandert vaker van vriendin dan van onderbroek.

Unsere Kollektion *wechselt* jedes Jahr.
Onze collectie wisselt elk jaar.

Warum *wechselt* der denn jetzt ausgerechnet den Stürmer *aus?*
Waarom wisselt men nu uitgerekend de spits?

Das *gibt* dem Ganzen natürlich *eine (ganz) neue Wende.*
Dat verandert de zaak.

127. Vuil / Vies

blutbeschmiert / Dreck / dreckig / Foul / gemein / obszön / sauber / Saustall / schäbig / schlüpfrig / schmierig / schmutzig / Schweinestall / verdreckt / verschmiert

Dieser Mörder hat *blutbeschmierte* Hände.
Deze moordenaar heeft met bloed besmeurde handen.

Deine Jeans *steht* ja *vor Dreck*.
Je spijkerbroek staat stijf van het vuil.

Pass auf, der **hat Dreck am Stecken!*
Pas op, dat is geen lekker type!

Das war eine *dreckige* Bemerkung.
Dat was een smerige opmerking.

Du **dreckiger Hund*, du!
Jij smerige hond!

Könntest du mal die *dreckige Wäsche* in die Waschmaschine stopfen?
Kun je die smerige was even in de wasmachine stoppen?

Was soll denn diese *dreckige Bemerkung?*
Wat is dit voor rotopmerking?

Der macht doch ein *Foul* nach dem anderen.
Hij maakt de ene overtreding na de andere.

Er ist ein *gemeiner* Dieb.
Hij is een vuile dief.

Er machte eine *obszöne Gebärde*.
Hij maakte een obsceen gebaar.

Du *bist* wohl **nicht mehr (ganz) sauber*, was!
Jij bent zeker niet helemaal lekker!

**Hier siehts ja aus wie im Saustall/Schweinestall!*
Wat is het hier een zwijnenstal!

Das war ein *schäbiger* Streich.
Dat was een schunnige streek.

Der erzählt doch immer nur solche *schlüpfrigen Witze*.
Die vertelt toch altijd zulke schuine moppen.

Es machte viele *schmierige* Geschäfte.
Hij deed veel vuile zaken.

Das sieht aber *schmutzig* aus.
Dat ziet er vies uit.

Es ist nicht die Absicht, dass heute Abend *schmutzige Wäsche gewaschen* wird.
Het is niet de bedoeling dat vanavond de vuile was buiten gehangen wordt.

Ich will mir dabei *die Hände nicht schmutzig machen*.
Ik wil daaraan mijn handen niet vuilmaken.

Wie siehst denn du aus? Du *bist* ja *von oben bis unten verschmiert/verdreckt!*
Wat zie jij eruit? Je bent van onder tot boven smerig!

128. Warm

darauf brennen / fieberhaft / fiebrig / glühend / heftig / heiß / heißblütig / warm

Er *brennt darauf*, seine Note für die Klausur zu erfahren.
Hij brandt van nieuwsgierigheid om zijn cijfer voor het proefwerk te weten te komen.

Sie suchen *fieberhaft* nach einer Lösung.
Ze zoeken koortsachtig naar een oplossing.

WARM

Vor den Ferien herrscht hier immer *fieberhafte* Betriebsamkeit.
Voor de vakantie heerst hier altijd een koortsachtige bedrijvigheid.

Das kleine Kind war ein wenig *fiebrig*.
Het kleine kind was een beetje koortsig.

Der Stahl wurde zur *glühenden* Masse.
Het staal werd een gloeiende massa.

Ihr Gesicht hatte eine *glühende* Röte.
Haar gezicht had een gloeiende blos.

Die beiden Mannschaften lieferten sich einen *heftigen* Kampf.
De beide elftallen leverden een verhitte strijd.

Das ist ein Tropfen auf den *heißen* Stein.
Dat is een druppel op de gloeiende plaat.

Der Kessel stand auf einem *heißen* Ofen.
De ketel stond op een hete kachel.

Die *kochend heiße* Suppe können wir noch nicht essen.
De gloeiend hete soep kunnen we nog niet eten.

Sie *waren* ganz *heiß aufeinander*.
Ze waren opgewonden.

Tee muss mit *kochend heißem* Wasser übergossen werden.
Theeblaadjes moeten met kokend heet water overgoten worden.

Wir haben nur einen einzigen, *heißen* Wunsch.
We hebben maar één vurige wens.

Sie sah ihn *heißblütig* an.
Ze keek hem vurig aan.

Die beiden *wurden* schnell *warm miteinander*.
Ze waren al snel innig bevriend.

Die Ansagerin hatte eine *warme* Stimme.
De presentatrice had een warme stem.

Er ist ein *warmer Bruder.*
Hij is een homo.

Heute ist es wirklich *schrecklich warm.*
Vandaag is het werkelijk verschrikkelijk warm.

In diese Kneipe gehen nur **Warme.*
In dit café komen alleen homo's.

129. Werk / Werken

abplagen / sich anstrengen / Anstellung / Arbeit / arbeiten / Beruf / beschäftigen / Brocken / funktionieren / Funktion / geschäftlich / Handel / Job / Kleinigkeit / Kunstwerk / Schwarzarbeit / Stelle / Tätigkeit / Werk

Früher mussten wir uns für weniger Geld noch viel mehr *abplagen.*
Vroeger moesten we voor minder geld nog veel harder zwoegen.

Für dieses Ergebnis hat auch er *sich anstrengen* müssen.
Voor dit resultaat heeft ook hij zich moeten inspannen.

Obwohl er keine *Anstellung* hatte, fuhr er einen schönen Wagen.
Hoewel hij geen baan had, reed hij in een mooie auto.

Das *Arbeiten* hier ist nicht immer ein Vergnügen.
Het werk(en) hier is niet altijd een pretje.

He du Faulpelz, *an die Arbeit!*
Hé luilak, aan het werk!

In seiner *Arbeit* ging der Schüler auf die Farbenlehre ein.
Het werkstuk van de leerling ging over de kleurentheorie.

Körperliche *Arbeit* ist nicht immer gesund.
Lichamelijke arbeid is niet altijd gezond.

Daran hat er mehr als zwei Jahre *gearbeitet.*
Daaraan heeft hij meer dan twee jaar gewerkt.

Das Mädchen hatte sich noch keinen *Beruf* ausgewählt.
Het meisje had nog geen beroep gekozen.

Er ist noch immer mit dem Motorrad *beschäftigt.*
Hij is nog altijd met de motor bezig.

Ist es ein *harter Brocken* oder eine *Kleinigkeit?*
Is het een hele klus of een kleinigheid?

Wie *funktioniert* der neue Apparat?
Hoe functioneert het nieuwe apparaat?

Er hat eine wichtige *Funktion* bei der Stadtverwaltung.
Hij heeft een belangrijke functie bij het stadsbestuur.

Die Kontakte zwischen den Institutionen sind rein *geschäftlich.*
De contacten tussen de instanties zijn zuiver zakelijk.

Er arbeitet schon seit Jahren im freien *Handel.*
Hij werkt al jaren in de vrije handel.

Hast du schon einen *Job?*
Heb je al een job?

Dieses *Kunstwerk* wird ständig neu interpretiert.
Dit kunstwerk wordt voortdurend opnieuw geïnterpreteerd.

Und wieviel verdienst du mit *Schwarzarbeit?*
En hoeveel verdien jij met zwartwerken?

Er hat eine gute *Stelle* bei einer großen Firma.
Hij heeft een goede betrekking bij een grote firma.

Seit gestern sucht er eine *Stelle.*
Sinds gisteren zoekt hij een baan.

Er geht einer interessanten *Tätigkeit* im Computergewerbe nach.
Hij heeft een interessante job in de computerbranche.

In diesem *Werk* von Goethe steht ein junger Mann im Mittelpunkt.
In dit boek van Goethe staat een jongeman centraal.

130. Wild

ausgelassen / drauflos / drauflosschießen / hellauf / lebhaft / maßlos / rasend / schwere See / stürmisch / tosend / übermütig / unbeherrscht / ungezähmt / unruhig / wild / wüst / wütend

In der Kneipe herrschte eine *ausgelassene* Stimmung.
In het café heerste een baldadige stemming.

Und plötzlich *schlug* der Mann ohne Grund *drauflos*.
En plotseling sloeg de man zonder reden in het wilde weg om zich heen.

In der Silvesternacht wird auch dieses Jahr wieder wild *drauflosgeschossen*.
Met Oud en Nieuw wordt er ook dit jaar weer flink geknald.

Die Fußballfans waren *hellauf* begeistert.
De voetbalfans waren wild enthousiast.

Im Parlament kam es zu einer *lebhaften* Debatte über die Abtreibungsfrage.
In het parlement kwam het tot een roerig debat over de abortuskwestie.

Die beiden hatten sich *maßlos* ineinander verliebt.
De twee waren razend verliefd op elkaar.

Solche Äußerungen machen ihn *rasend*.
Zulke uitlatingen maken hem woest.

Das Wetteramt sagt für heute abend *schwere See* voraus.
Het weerbericht voorspelt voor vanavond een woelige zee.

Hast du erwartet, dass deine Worte solche *stürmische Reaktionen* hervorrufen würden?
Had je verwacht dat je woorden zulke stormachtige reacties teweeg zouden brengen?

Er schaute auf die *tosenden* Wellen.
Hij keek naar de woeste golven.

Die Schüler benahmen sich ziemlich *übermütig*.
De leerlingen gedroegen zich tamelijk baldadig.

Er reagiert sehr *unbeherrscht.*
Hij reageert zeer onbeheerst.

Auf der Leinwand stellte sie eine *ungezähmte Leidenschaft* zur Schau.
Op het witte doek spreidde zij een ongetemde passie ten toon.

Das *unruhige* Publikum störte die Schauspieler.
Het onrustige publiek stoorde de toneelspelers.

Vorgestern war es ziemlich *unruhig* in Berlin.
Eergisteren was het nogal onrustig in Berlijn.

Er schlug wie *wild* um sich.
Helemaal wild sloeg hij om zich heen.

In der Kneipe ging es *wüst* zu.
In de kroeg ging het er wild aan toe.

In diesem Dorf wohnen einige *wüste* Kerle.
In dit dorp wonen enkele woeste kerels.

Der Lehrer war *wütend*.
De leraar was woest.

131. Willen

anstreben / interessieren / Kopf / Lust haben / möchten / sich sehnen nach / Sehnsucht / Sinn haben / Stück / sich vornehmen / Wille / Willenskraft / willig / Wollen und Können / Wunsch / wünschen / Ziel

Er *strebte* eine höhere Stellung *an.*
Hij ambieerde een betere baan.

Wir sind an diesem Geschäft *interessiert.*
Wij zijn in deze zaak geïnteresseerd.

Das hat sie *sich* nun einmal *in den Kopf gesetzt!*
Dat heeft ze zich nu eenmaal in het hoofd gezet!

Ich *habe Lust* mit euch auf das Konzert zu fahren.
Ik heb zin om met jullie naar het concert te gaan.

Wir *möchten* gerne noch etwas bestellen.
We wilden graag nog iets bestellen.

Ich *sehne mich danach*, dich wiederzusehen.
Ik zie ernaar uit om je weer te zien.

Sie glühte vor *Sehnsucht.*
Zij brandde van verlangen.

Sie *haben* schon seit einigen Jahren *im Sinn* in den Fernen Osten zu reisen.
Zij hebben al enkele jaren het plan om naar het Verre Oosten te gaan.

Der Einsiedler hat *sich aus freien Stücken* für ein abgeschiedenes Leben *entschieden.*
De kluizenaar heeft uit vrije wil besloten tot een leven in afzondering.

Der Arzt *nahm sich vor*, gleich morgen früh bei der Patientin vorbeizuschauen.
De arts nam zich voor morgenochtend direct even bij de patiënte langs te gaan.

Ich kann *beim besten Willen* nicht mitkommen.
Met de beste wil van de wereld kan ik niet meekomen.

Mit (einigem) guten Willen wird es dir schon noch gelingen.
Met een beetje goede wil zal het je nog wel lukken.

Wo ein Wille ist, ist auch ein Weg.
Waar een wil is, is een weg.

Wird der Läufer diese *Willenskraft* auf den letzten einhundert Metern noch aufbringen können?
Zal de hardloper deze wilskracht op de laatste honderd meter nog kunnen opbrengen?

Der Geist ist willig, aber das Fleisch ist schwach.
De geest is sterk, maar het vlees is zwak.

Wollen und Können sind zweierlei.
Willen en kunnen zijn twee dingen.

Ich *habe* heute Abend nur noch *einen einzigen Wunsch* – ins Bett liegen und schlafen.
Ik heb vanavond slechts één vurige wens – in bed liggen en slapen.

~*Wünschen die Herrschaften noch einen Kaffee?*
Willen de heren nog koffie?

Sie *steuert* immer ohne Umschweife *auf Ihr Ziel zu.*
Zij gaat altijd recht op haar doel af.

132. Wonen

Appartement / Domizil / Eigentumswohung / Hauptwohnsitz / Haus / hausen / Hochhaus / obdachlos / residieren / Sitz / Siedlung / unterbringen / unterkommen / Unterkunft / Unterschlupf / verweilen / wohnen / Wohnort / Wohnung / zuziehen / Zweitwohnung

In diesem Haus werden nur *möblierte Appartements* vermietet.
In dit pand worden alleen gemeubileerde appartementen verhuurd.

Wo habt ihr *euer Domizil aufgeschlagen?*
Waar hebben jullie je domicilie?

Sie verfügen noch nicht über eine *Eigentumswohnung*.
Ze beschikken nog niet over een eigen huis.

Bitte geben Sie bei Frage drei Ihren *Hauptwohnsitz* an.
Geeft u alstublieft bij vraag drie uw hoofdwoonplaats aan.

Das *Haus* steht am Strand mit Aussicht aufs Meer.
Het huis staat aan het strand met uitzicht op zee.

Ich glaube auf unserem Dachboden *hausen* Mäuse.
Er huizen geloof ik muizen op zolder.

Im Berliner Stadtteil Hohenschönhausen gibt es nichts als *Hochhäuser*.
In de Berlijnse wijk Hohenschönhausen staan alleen maar flats.

Das Unwetter machte sie mit einem Schlag *obdachlos*.
Het onweer maakte hen in één klap dakloos.

Die Königin der Niederlande *residiert* in Den Haag.
De koningin van Nederland resideert in Den Haag.

Die Regierung *hat ihren Sitz* in der Hauptstadt.
De regering resideert in de hoofdstad.

Seit dem 11. Jahrhundert gibt es hier diese *Siedlung*.
Sinds de elfde eeuw staat hier deze nederzetting.

Die Kinder wurden vorübergehend bei ihrem Vater *untergebracht*.
De kinderen werden tijdelijk bij hun vader ondergebracht.

Sie konnten auf jeden Fall bei Freunden für vierzehn Tage *unterkommen*.
Ze konden in elk geval bij vrienden voor veertien dagen onderdak krijgen.

Für heute Abend haben wir noch keine *Unterkunft*.
Voor vannacht hebben we nog geen onderdak.

Zuerst musste er jemanden finden, der ihm bei seiner Flucht *Unterschlupf gewähren* würde.
Eerst moest hij iemand vinden die hem bij zijn vlucht een onderduikadres bezorgen kon.

Die Asylanten *verweilen* in einem Lager.
De asielzoekers vertoeven kort in een kamp.

Sie *wohnen* seit zwei Jahren in Berlin.
Ze wonen sinds twee jaar in Berlijn.

Rotterdam ist ihm ~*sein liebster Wohnort*.
Rotterdam is zijn favoriete woonplaats.

Das junge Ehepaar hatte auch nach langem Suchen immer noch keine *Wohnung* gefunden.
Het jonge echtpaar had na lang zoeken nog altijd geen woning gevonden.

Vor einem Jahr sind sie hier *zugezogen*.
Een jaar geleden zijn ze hier komen wonen.

Seit vorgestern haben sie eine *Zweitwohnung* an der Küste.
Sinds eergisteren hebben ze een tweede huis aan de kust.

133. Zeggen

abstempeln / ansprechen / aufzählen / Ausdruck / ausdrücken / äußern / aussagen / aussprechen / beklagen / bemerken / betiteln / erklären / erläutern / erwähnen / erzählen / faseln / fassen / klatschen / mitteilen / plappern / plaudern / quatschen / reden / sagen / schwätzen / sprechen / tratschen / verkünden / verleumden / vorbringen / wälzen / Wort

Ich lasse mich von dir nicht als Lügner *abstempeln.*
Ik laat me door jou niet tot leugenaar bestempelen.

Er wurde *auf* sein freches Benehmen hin *angesprochen.*
Hij werd op zijn brutale gedrag aangesproken.

Ich möchte von Ihnen gerne mit meinem Nachnamen *angesprochen* werden!
Ik zou door u graag met mijn achternaam aangesproken willen worden!

Der Schüler sollte die Hauptstädte Europas *aufzählen.*
De leerling moest de hoofdsteden van Europa opsommen.

Mit diesem Geschenk möchte ich *meinen Dank zum Ausdruck bringen.*
Met dit geschenk wil ik mijn dank tot uiting brengen.

Diese Gefühle lassen sich nicht *in Worten ausdrücken/in Worte fassen.*
Deze gevoelens laten zich niet in woorden uitdrukken.

Er wollte *sich* zu diesem Thema nicht *äußern.*
Hij wilde zich niet over dit onderwerp uitlaten.

Zu seiner Vergangenheit hat er sich bis auf den heutigen Tag nicht *geäußert.*
Over zijn verleden heeft hij zich tot op de dag van vandaag niet geuit.

Er musste unter Eid *aussagen.*
Hij moest onder ede een verklaring afleggen.

Sie wollten mich nicht *aussprechen* lassen.
Ze wilden mij niet laten uitspreken.

Der *beklagt sich* doch immer über das schlechte Wetter.
Hij beklaagt zich altijd over het slechte weer.

Er wollte noch etwas *bemerken.*
Hij wilde nog iets opmerken.

Er *betitelte* seine politischen Gegner als Hochverräter.
Hij betitelde zijn politieke tegenstanders als hoogverraders.

Können Sie den Fehler *erklären?*
Kunt u de fout verklaren?

Einige Sachen müssen noch *erläutert* werden.
Enkele zaken moeten nog worden verklaard.

In den Nachrichten wurde nicht *erwähnt*, wo sich der Kronzeuge jetzt gerade aufhält.
In het bericht werd niet vermeld waar de kroongetuige zich nu precies ophoudt.

Erzähle mir die Geschichte noch einmal.
Vertel me het verhaal nog maar een keer.

**Fasel doch keinen Dreck!*
Klets toch niet zo'n onzin!

Ein solches Verbrechen lässt sich nicht *in Worte fassen.*
Een dergelijke misdaad laat zich niet verwoorden.

In so einem Hochhaus wird ganz schön viel *geklatscht.*
In zo'n torenflat wordt altijd veel geroddeld.

Er wollte und konnte nichts mehr *mitteilen.*
Hij wilde en kon niets meer zeggen.

Die Kinder *plapperten* den ganzen Mittag miteinander.
De kinderen hebben de hele middag zitten kwekken.

Das Pärchen *plauderte* noch eine Weile an der Tür.
Het stelletje kletste nog een tijdje bij de deur.

Die *quatschen* den ganzen Tag.
Die ouwehoeren de hele dag.

Oje, wir *quatschen* und quatschen und vergessen völlig die Zeit!
O jee, we kletsen en kletsen maar, maar vergeten compleet de tijd!

Sie *reden* ständig nur über Politik.
Ze praten alleen maar over politiek.

Wenn er betrunken ist, *redet* er nur *Unsinn*.
Als hij dronken is, verkoopt hij alleen maar onzin.

Das habe ich so nicht gesagt!
Dat heb ik zo niet gezegd!

Lass sie doch schwätzen!
Laat ze maar kletsen!

Mit dir spreche ich kein Wort mehr!
Met jou praat ik niet meer!

Die beiden Freundinnen haben bis in die Nacht hinein *getratscht*.
De twee vriendinnen hebben tot in de nacht zitten kletsen.

Wann *verkündet* der Präsident das neue Grundgesetz?
Wanneer kondigt de president de nieuwe grondwet af?

Du darfst deine Eltern nie *verleumden*.
Je mag over je ouders nooit kwaadspreken.

Der Ankläger konnte keine weiteren Bedenken mehr *vorbringen*.
De aanklager kon geen verdere bezwaren meer opperen.

Sie hatten schon den ganzen Abend *Probleme gewälzt*.
Ze hebben de hele avond al zitten bomen.

134. Zeker

drehen und wenden / durchaus / fest / gediegen / hieb- und stichfest / klar / klarer Fall / Maus / natürlich / Risiko / schwarz auf weiß / selbstsicher / selbstverständlich / sicher / solide / todsicher / überzeugen / Überzeugung / ohne Wenn und Aber / zuverlässig

Das kannst du drehen und wenden, wie du willst, du bist nicht ganz unschuldig an diesen Schwierigkeiten.
Hoe je het ook wendt of keert, je bent niet helemaal onschuldig aan deze problemen.

Diese Bemerkung war *durchaus* verständlich.
Deze opmerking was alleszins begrijpelijk.

Es *steht fest*, dass sie sich daran beteiligen.
Het staat vast dat ze eraan deelnemen.

'Made in Germany' bedeutet oft eine Garantie für *gediegene* Erzeugnisse.
'Made in Germany' is vaak een garantie voor degelijke producten.

Alle Beweise des Staatsanwaltes *waren hieb- und stichfest.*
Alle bewijzen van de officier van justitie waren waterdicht.

Die Sache *ist* für mich **so klar wie Kloßbrühe!*
De zaak is voor mij zo klaar als een klontje!

**Da beißt keine Maus den Faden ab.*
Daar valt niet meer aan te tornen.

Aber *natürlich* mache ich das für dich, *das ist doch ein klarer Fall!*
Maar natuurlijk doe ik dat voor je, dat is toch duidelijk!

Der Transport chemischer Stoffe ist nie *ohne Risiken.*
Het transport van chemische stoffen is nooit zonder risico's.

Das habe ich *schwarz auf weiß*.
Dat heb ik zwart op wit.

Trotz vieler Fehler blieb er *selbstsicher*.
Ondanks veel fouten bleef hij zelfverzekerd.

Kommst du auch mit? *Selbstverständlich!*
Kom je ook mee? Allicht!

Bist du dir *sicher*, dass er heute noch kommt?
Weet je zeker dat hij vandaag komt?

In diesem Stadtteil kann man *sich* noch *sicher fühlen*.
Je kunt je in dit stadsdeel nog veilig voelen.

Dieses Gebäude ist *solide* gebaut.
Dit gebouw is degelijk gebouwd.

Doch, doch, das stimmt, **todsicher!*
Ja, ja, dat klopt, absoluut zeker weten!

Davon *bin* ich *überzeugt!*
Daar ben ik van overtuigd!

Er *hatte die feste Überzeugung*, dass die Bank dieser Transaktion nicht zustimmen würde.
Hij was er vast van overtuigd dat de bank voor deze transactie geen toestemming zou geven.

Du gehst jetzt ins Bett, *da gibt es kein Wenn und Aber/ohne Wenn und Aber!*
Geen ge-ja-maar meer, je gaat nu naar bed!

Er macht keinen *zuverlässigen* Eindruck auf mich.
Hij maakt geen betrouwbare indruk op mij.

135. Ziek

abmagern / Besserung / Bett hüten / blass / Damm / Deck / elend / fiebrig / hundeelend / Knochen / krank / kränkeln / nicht gut / schlecht / Schuss / todkrank / übel / ungesund / unwohl / Zack

Du bist ja völlig *abgemagert!*
Je bent helemaal uitgemergeld!

Gute Besserung!
Beterschap!

Seine Tochter *musste* sicherlich noch eine ganze Woche *das Bett hüten.*
Zijn dochter moet zeker nog een hele week in bed blijven.

Der Mann sah ziemlich *blass* aus.
De man zag er tamelijk pips uit.

Seine Kollegin *war* die ganze letzte Woche *nicht richtig auf dem Damm.*
Zijn (vrouwelijke) collega was de afgelopen week niet lekker.

Er fühlte sich ziemlich *elend.*
Hij voelde zich tamelijk beroerd.

Das Kind fühlte sich *fiebrig.*
Het kind was koortsig.

Ich *fühle mich* (so) *hundeelend.*
Ik ben zo ziek als een hond.

Die Erkältung *ging* ihr *ganz schön in die Knochen.*
De verkoudheid zat goed vast.

Seit drei Wochen lag er *krank* zu Hause.
Sinds drie weken zat hij ziek thuis.

Er *kränkelte* schon seit drei Tagen.
Hij kwakkelde al drie dagen.

Der *kommt* zur Zeit *(überhaupt) nicht gut daher*.
Hij ziet er momenteel slecht uit.

Er sieht schon länger *schlecht* aus.
Hij ziet er al langer slecht uit.

In der Hitze wurde es ihm *schlecht*.
In de hitte werd hij onwel.

Du *bist* heute aber auch *nicht richtig in Schuss/auf Zack/auf Deck!*
Je bent er vandaag niet helemaal bij!

Du machst mich mit deinem Gerede noch **todkrank*.
Ik word doodziek van je gepraat.

Beim Anblick der Verletzten *wurde* ihm *übel*.
Het zien van de gewonden maakte hem misselijk.

Zu viel Alkohol ist *ungesund*.
Te veel alcohol is ongezond.

Plötzlich wurde mir *unwohl*.
Plotseling werd ik onwel.

136. Zien

Aussicht / bemerken / Blick / Dreck auf den Augen / einsehen / Einsicht nehmen / erblicken / Fernsicht / Gesichtspunkt / Panorama / schauen / sehen / Sicht / spähen / starren / wahrnehmen / Wiedersehen / zeigen

Von diesem Zimmer aus haben Sie eine *schöne Aussicht*.
Vanuit deze kamer heeft u een mooi uitzicht.

Er hätte den anderen Wagen früher *bemerken* müssen.
Hij had de andere auto eerder moeten opmerken.

Das jungverliebte Paar warf sich noch *verstohlenene Blicke* zu.
Het jongverliefde paar wierp elkaar steelse blikken toe.

Ein Blick sagt mehr als tausend Worte.
Een blik zegt meer dan duizend woorden.

Möchtest du *einen Blick* in deine Stasiakten *riskieren?*
Kun je het risico nemen een blik te werpen in de Stasi-rapporten?

Der Schiedrichter *hat* wohl ***Dreck auf den Augen.*
De scheidsrechter heeft stront in zijn ogen.

Warum willst du das denn nicht *einsehen?*
Waarom wil je dat nu toch niet inzien?

Das Finanzamt *nahm Einsicht in* die Unterlagen des Konzerns.
De belastinginspecteur had inzage in de bescheiden van het bedrijf.

Ihr Sohn *erblickte* um halb zwei *das Licht der Welt.*
Hun zoon kwam om half twee ter wereld.

Vom Gipfel des Berges aus hat man eine schöne *Fernsicht.*
Vanaf de bergtop heb je een mooi uitzicht.

Dieses Argument bietet natürlich einen ganz neuen *Gesichtspunkt.*
Dit argument biedt natuurlijk een heel nieuw gezichtspunt.

Schau mal, das *Panorama*, dass man hier hat ist doch einfach großartig!
Kijk dan, het uitzicht hier is toch eenvoudigweg fantastisch!

Dann *schauen* Sie doch!
Kijkt u dan toch!

Ich habe das Theaterstück leider nicht *gesehen.*
Ik heb het theaterstuk helaas niet gezien.

Sieh zu, wie du das wieder zurechtbiegen kannst!
Maak dat je dat weer in orde krijgt!

Aus wirtschaftlicher Sicht war der Verkauf der Tochterfirma die einzig richtige Entscheidung.
Uit economisch oogpunt gezien was de verkoop van het dochterbedrijf de enige juiste beslissing.

Der Wachtposten *spähte* in die dunkle Nacht hinein.
De wachtpost tuurde in de donkere nacht.

Er *starrte* gedankenlos ins Feuer.
Hij staarde gedachteloos in het vuur.

Keiner *nahm* seine Gegenwart richtig *wahr*.
Niemand nam zijn aanwezigheid echt waar.

Auf Wiedersehen!
Tot ziens!

Der neue Vorstandsvorsitzende *zeigte* mit dieser Entscheidung *Weitsicht*.
De nieuwe bestuursvoorzitter toonde met deze beslissing zijn vooruitziende blik.

137. Zinloos

Bedeutung / bedeutungslos / bringen / fruchtlos / weder Hand noch Fuß haben / Liebesmüh / Sinn / sinnlos / Zeug / Zweck

Diese Antwort schien *ohne Bedeutung*.
Dit antwoord leek zonder betekenis.

Und dann scheint auf einmal alles *bedeutungslos* zu sein.
En dan lijkt alles opeens betekenisloos/onbelangrijk te zijn.

Nun hör schon auf! Das *bringt* doch *nichts!*
Hou nou op! Dat heeft toch geen zin!

Aus dem Gespräch entspann sich eine gänzlich *fruchtlose Auseinandersetzung*.
Uit het gesprek vloeide een compleet vruchteloze discussie voort.

Was du da sagst, *hat weder Hand noch Fuß/weder Sinn noch Verstand*.
Wat je daar zegt, raakt kant noch wal.

Das ist doch *vergebliche Liebesmüh*.
Dat is toch zinloos.

Das *hat* doch alles *(gar) keinen Sinn*.
Dat heeft toch (helemaal) geen zin.

Seine Bemerkungen waren nicht *ohne Sinn*.
Zijn opmerkingen waren niet zinloos.

Es ist *sinnlos* mit ihm darüber zu reden.
Het is zinloos om met hem daarover te praten.

Was redest du da für *nutzloses Zeug?*
Wat klets je daar voor nutteloze onzin?

Das hat keinen *Zweck*.
Dat heeft geen zin.

138. Zoeken

abklappern / ausfindig machen / Ausschau / Baum / fahnden / Fuß / hervorzaubern / Kopf / laufen / nachschlagen / das Oberste zuunterst kehren / von Pontius zu Pilatus / Stecknadel / suchen / auf der Suche / Tomate

Die ganze Stadt hatte sie **abgeklappert*, bis sie endlich fand, was sie wollte.
Ze heeft de hele stad afgestruind, tot ze eindelijk vond wat ze zocht.

Wir wollen den Fehler *ausfindig machen.*
We willen de fout opsporen.

Sie *hielten Ausschau* nach einem günstigen Angebot.
Zij waren op zoek naar een gunstig aanbod.

**Der sieht wohl vor lauter Bäumen den Wald nicht mehr!*
Die ziet door de bomen het bos niet meer!

Die Polizei *fahndet* noch immer nach den Terroristen.
De politie zoekt nog steeds naar de terroristen.

Er *lief* sich für die alten Beatles-LPs *die Füße platt.*
Hij zocht stad en land af naar de oude Beatles-LP.

Ja, es tut mir leid, aber ich *kann* das Buch auch *nicht* so einfach *wieder hervorzaubern.*
Ja, het spijt me, maar ik kan het boek niet simpelweg weer te voorschijn toveren.

Sie *stellten* die ganze Wohnung *auf den Kopf.*
Ze zetten het hele huis op z'n kop.

Ich finde den Ring und wenn ich dafür *bis ans Ende der Welt laufen* muss!
Ik zal de ring vinden, al moet ik er stad en land voor aflopen!

Kannst du das in einem Wörterbuch für mich *nachschlagen?*
Kun je dat voor mij in een woordenboek opzoeken?

Obwohl sie in ihrem ganzen Zimmer *das Oberste zuunterst kehrte*, konnte sie das Foto nicht mehr finden.
Hoewel ze haar hele kamer ondersteboven haalde, kon ze de foto niet meer vinden.

Auf dem Arbeitsamt wurden sie *von Pontius zu Pilatus geschickt.*
Op het arbeidsbureau werden ze van het kastje naar de muur gestuurd.

Da kannst du ja gleich *eine Stecknadel im Heuhaufen suchen!*
Je kunt beter direct naar een speld in een hooiberg gaan zoeken!

Sie *machte sich auf die Suche* nach ihren verlorenen Ohrringen.
Ze ging op zoek naar haar verloren oorbellen.

Sie *ist* immer noch *auf der Suche* nach einer neuen Stelle.
Ze is nog steeds op zoek naar een nieuwe baan.

Auch dieses Ehepaar *sucht* dringend eine Wohnung in Stuttgart.
Ook dit echtpaar zoekt dringend een woning in Stuttgart.

***Hast du Tomaten auf den Augen, oder was?*
Heb je stront in je ogen of zo?

139. Zuiver

biologisch / ehrlich / natürlich / pur / rein / sauber / sonnenklar / stubenrein / unbefangen / unberührt / unbescholten / ungekünstelt / ungezwungen / unvermischt

Sind diese Stoffe *biologisch abbaubar?*
Zijn deze stoffen biologisch afbreekbaar?

Sein Geständnis war nicht ganz *ehrlich.*
Zijn bekentenis was niet helemaal eerlijk.

Bei der Behandlung verwendet er nur *natürliche* Produkte.
Bij de behandeling gebruikt hij alleen natuurlijke producten.

Seine Uhr ist aus *purem* Gold.
Zijn horloge is van puur goud.

Das Kleid ist aus *reiner* Wolle.
De jurk is van zuiver wol.

Er hat aus *reinem* Pflichtsbewusstsein gehandelt.
Hij heeft uit louter plichtsbesef gehandeld.

Wo findet man heutzutage noch wirklich *reines* Wasser?
Waar vind je vandaag de dag nog echt schoon water?

Das kleine Kind war schon früh *sauber*.
Het kleine kind was al vroeg zindelijk.

Ihre Wohnung ist immer *sauber*.
Haar huis is altijd schoon.

Das scheint mir *sonnenklar*.
Dat lijkt me klaar als een klontje.

Junge Tiere sind selten *stubenrein*.
Jonge dieren zijn zelden zindelijk.

Unbefangen trat er vor den Ausschuss.
Onbevangen trad hij voor de commissie.

In seinen Ferien sucht er am liebsten die *unberührte* Natur auf.
In zijn vakantie zoekt hij het liefst de ongerepte natuur op.

Der neue Präsident hat einen *unbescholtenen* Namen.
De nieuwe president heeft een onbezoedelde naam.

Sein Auftreten war *ungekünstelt*.
Zijn optreden was ongekunsteld.

Er *machte* eigentlich immer *einen ungezwungenen Eindruck auf* mich.
Hij maakte eigenlijk altijd een ongedwongen indruk op me.

Diese Flüssigkeit ist *unvermischt*.
Deze vloeistof is niet vermengd.

140. Zwak

brüchig / empfindlich / Ende / entkräftet / erschöpft / fade / Kraft / kraftlos / matt / Pantoffel / rädern / saft- und kraftlos / schlaff / schlapp / schwach / Schwäche / Schwachheit / völlig erschöpft / zart / zerbrechlich

Die politischen Verhältnisse sind noch sehr *brüchig*.
De politieke verhoudingen zijn nog zeer broos.

Das war für uns alle eine *empfindliche* Niederlage.
Dat was voor ons allemaal een gevoelige nederlaag.

Mensch, hör auf. Ich *bin am Ende*.
Man, hou op. Ik ben op.

Entkräftet erreichte der Marathonläufer das Ziel.
Volkomen kapot bereikte de marathonloper de finish.

Erschöpft schlief er ein.
Uitgeput viel hij in slaap.

Das Fest war richtig *fade*.
Het feest was nogal suf.

Das Volleyballteam *hatte keine Kraft mehr in den Knochen*.
Het volleybalteam had geen puf meer.

So *kraftlos* habe ich ihn noch nie gesehen.
Zo futloos heb ik hem nog nooit gezien.

Sie reagierte ein bisschen *matt* auf unseren Vorschlag.
Ze reageerde een beetje mat op ons voorstel.

Er *stand* schon seit der Heirat *unter dem Pantoffel* seiner Frau.
Sinds ze getrouwd zijn, zit hij bij zijn vrouw onder de plak.

Er *fühlte sich (wie) gerädert*.
Hij voelde zich geradbraakt.

Die Elf spielte *saft- und kraftlos*.
Het elftal speelde zonder pit.

Ich *fühl mich* ja so *schlaff/schlapp*.
Ik voel me zo slapjes.

Bei Eis und Schokolade *wurde* sie immer *schwach*.
Bij het zien van ijs en chocola werd ze altijd zwak.

Der Aktienmarkt *zog* gestern nur *schwach an*.
De effectenbeurs trok gisteren maar flauwtjes aan.

Direkt nach der Operation *war* er noch ziemlich *schwach auf den Beinen.*

Direct na de operatie stond hij nog tamelijk slap op z'n benen.

Sein Spiel war ausgesprochen *schwach.*

Zijn spel was uitgesproken zwak.

Sie *hatte eine Schwäche* für Matty.

Zij heeft een zwak voor Matty.

Bilde dir bloß keine Schwachheiten ein!

Haal je geen domme dingen in je hoofd!

Ich war *völlig erschöpft.*

Ik was doodop.

Sie war schon immer ein *zartes* Mädchen.

Zij was altijd al een teer meisje.

Diese *zerbrechlichen* Produkte müssen sorgfältig behandelt werden.

Deze breekbare producten moeten met zorg behandeld worden.

Register

Dit register bevat alle woorden die in de kaders onder de alfabetisch gerangschikte kopjes te vinden zijn. De Nederlandse woorden verwijzen naar de hoofdstukkopjes.